▲ 2011年,获得阿里巴巴"津门辉煌"奖项　　▲ 2015年,获得北方大区赛马赤兔奖

▲ 王建和与阿里巴巴合伙人方永新合影

▲ 2016年，获阿里巴巴文化布道官奖项

▲ 王建和与原阿里巴巴COO关明生合影

▲ 第三届阿里巴巴校友会

▲ 王建和与前阿里巴巴 CEO
　 陆兆喜合影

▲ 王建和与阿里巴巴现任 CPO 童文红合影

▲ 王建和与前阿里巴巴 CEO 卫哲合影

▲ "五年陈"与49百大伙伴合影

▲ 王建和与大航海团队伙伴合影

阿里巴巴管理三板斧核心词典

双轨制绩效考核：
从业绩和价值观两个维度进行考核，两个维度的考核指标各占50%。

"小白兔"式员工：
与企业价值观匹配，但业绩不好的员工。

"野狗"式员工：
价值观不好但业绩好的员工。

"牛"式员工：
在工作能力上不是很强，但往往任劳任怨，不会做出违背企业价值观的事。

"明星"员工：
业绩和价值观都好的员工。

"271"制度：
管理者每季度、每年根据"双轨制绩效考核"，把员工划分为三个档次。

TRF原则：
培训他、撤换他、开除他。

情理法原则：
管理者在遇到团队成员的去留问题决策时，坚持法理、还是情理？做事法理情，对人情理法，这是一家企业懂人心、识人性的标准。

团队：
阿里对团队的定义是，一群有情有义的人，做一件有价值、有意义的事。

思想团建：
跟员工讲使命、愿景、价值观。

生活团建：
创造赢的状态。

目标团建：
通过"战争"去凝聚团队。

裸心：
让彼此走进对方的内心。

甜蜜点：
一个能让团队成员为之感动的环节。

记忆点：
通过一场团建要让团队成员留下长久的记忆存证。

五个一工程：
管理者在一年的时间里，至少要带领团队成员做一次体育活动、做一次娱乐活动、做一次集体聚餐、和每一位员工做一次深度交流、做一次感人事件。

借假修真：
借打好一场仗的假，修追求业绩的真；借取得业绩的假，修团队成长的真；借团队成长的假，修个人成长的真。借尊重人性、回归本质、挖掘真善美的领导方式去修团队文化,这就是借假修真。

辅导机制:
阿里帮助员工成长的五大核心辅导机制包括培训和分享机制、陪访机制、演练机制、Review 机制。

Review 机制:
阿里管理体系中一个非常有效的落地工具,它能帮助员工、帮助团队、甚至帮助整个组织有效的成长与赋能。

揪头发:
一种向上思考的思维方式,可以使管理者从更大的范围和更长的时间来考虑团队中发生的问题,从而培养全面思考和系统思考的能力。

照镜子:
不断的认知自我、认知团队的过程,对管理者来说,是像 GPS 一样的存在,可以不断地帮助管理者纠正方向,规划路线。

闻味道:
每一个团队都有自己的气场与味道氛围,管理者要不断地提高自身的敏感度和判断力,从而准确地感知团队的状态,把握和识别团队、组织的味道,及早防微杜渐。

一张图、一颗心、一场仗:
企业打天下需要的是能够形成合力(一颗心),需要形成一张图,打赢共同的一场仗,也就是阿里说的"一颗心、一张图、一场仗"。

阿里巴巴管理体系

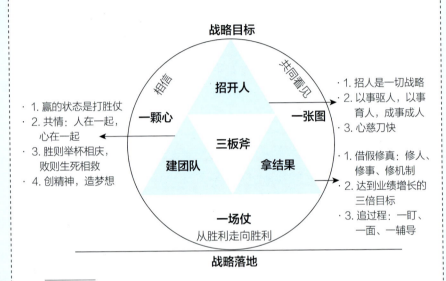

阿里腿部三板斧

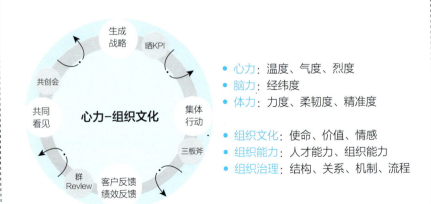

- 心力：温度、气度、烈度
- 脑力：经纬度
- 体力：力度、柔韧度、精准度

- 组织文化：使命、价值、情感
- 组织能力：人才能力、组织能力
- 组织治理：结构、关系、机制、流程

阿里巴巴管理三板斧

阿里铁军团队管理实战教程

王建和 / 著

机械工业出版社
CHINA MACHINE PRESS

当团队迅速扩大，组织能力的成长跟不上业务发展时，如何做好管理？团队成员成为管理者后，岗位最核心的事情是什么，如何快速上手？在这个过程中，阿里巴巴沉淀出"三板斧"的管理方法。阿里巴巴的"三板斧"指的是管理者在组织中发展与成长的方法与思路。

本书是一部探讨与总结阿里巴巴内部实战管理的书籍，它来自于阿里巴巴创业及发展十五年的点滴实战的复盘。这是阿里巴巴从创业初期就一直坚持的管理原则与方法，而且是目前为止依然在坚持的策略，相信也是未来指导阿里巴巴进一步发展的核心力量。"三板斧"对于互联网企业、电商企业和传统企业转型有积极的参考意义。

图书在版编目（CIP）数据

阿里巴巴管理三板斧/王建和著. —北京：机械工业出版社，2019.9（2024.6重印）

ISBN 978-7-111-63635-9

Ⅰ.①阿… Ⅱ.①王… Ⅲ.①电子商务-商业企业管理-经验-中国 Ⅳ.①F724.6

中国版本图书馆 CIP 数据核字（2019）第 187109 号

机械工业出版社（北京市百万庄大街22号 邮政编码100037）
策划编辑：胡嘉兴　　　责任编辑：胡嘉兴
责任校对：李　伟　　　责任印制：孙　炜
北京联兴盛业印刷股份有限公司印刷
2024年6月第1版第20次印刷
145mm×210mm・10印张・11插页・231千字
标准书号：ISBN 978-7-111-63635-9
定价：69.90元

电话服务　　　　　　　　网络服务
客服电话：010-88361066　　机　工　官　网：www.cmpbook.com
　　　　　010-88379833　　机　工　官　博：weibo.com/cmp1952
　　　　　010-68326294　　金　书　网：www.golden-book.com
封底无防伪标均为盗版　　　机工教育服务网：www.cmpedu.com

自 序
Preface

"有人的地方就有江湖",这是《笑傲江湖》中任我行在令狐冲有退隐之意时说出的话。只要有人,就会有恩怨、纷争与故事,就会有江湖。

如果把阿里巴巴(简称阿里)比作一个江湖,那么这里豪杰辈出、群英并起、情重姜肱。我非常荣幸能够加入这个江湖,并且参与和见证了其"从0到1""从1到100"的整个发展历程。这段和阿里伙伴"打天下"的经历,不仅对我的能力成长有巨大的帮助,甚至对我的整个人生都有深远的影响。

首先自我介绍一下,我叫王建和,我给自己贴了三个标签:

第一个标签是"阿里工作九年的老兵"。我在阿里工作了九年多,经历了从一线业务人员到管理者的完整过程。整整九年都是在阿里"铁军"中度过的,也就是江湖上赫赫有名的阿里铁军。

第二个标签是"阿里文化布道官"。我在2016年当选为"阿里文化布道官",见证并参与了阿里从一个"笑话"到一个"神话"的完整过程。

第三个标签是"一名创业者"。这些年,我服务过很多企业,同时也创办了自己的企业。我的企业在经营管理中也遇到了很多问题。于是,我接受了一些商学院的系统教育,并将我在阿里管理实战中总结的经验不断地提炼、打磨和萃取,最终指导实践。在这个过程中,我成为正和岛的年度讲师,也受邀去华为、海尔、联想控股等各大企业讲课,从实战走到了理论,又从理论回到了实战。

2019年,阿里将迎来成立20周年,这是阿里创造神话的20

年。"聚是一团火,散是满天星",阿里发展至今拥有约13万名员工;从杭州的湖畔花园起家,到去美国纽约证券交易所上市敲钟。阿里是如何走到现在的?它背后的管理机制是怎样运作的?

用这样一句话说:"今天的阿里巴巴已经是'良将如云''弓马殷实'。"

何为"良将如云"?

所谓"良将",是指能征善战的将领,比如关羽、张飞、吕布、岳飞,都是古时著名的"良将"。在阿里,"良将"是指能独立执掌一方,具有领导力的管理者,比如之前阿里的北方大区经理王刚,从阿里出来后先投资了某出行App,如今则是满帮集团的董事长;还有某出行App的程维、美团的干嘉伟、赶集网的陈国环、去哪儿网的张强……这些都是从阿里出来的"良将"。

何为"弓马殷实"?其原本的意思是指一支队伍弓马娴熟。在阿里,则是指强大的组织能力,也就是阿里高层所倡导的管理者培养体系——"管理三板斧"。

那么,"管理三板斧"到底是什么?

有人说它是酣畅淋漓的内部培训;有人说它就是"使命、愿景、价值观"的三段论;有人说它是对不同层级管理者的目标设定方式。众多说法中,哪一个是三板斧的真相,这个激动人心的概念又如何在企业组织管理中踏实落地?

只有真正体验过的人最有感觉。

追溯起来,"管理三板斧"应该源于阿里在2010年5月进行的人才盘点。阿里一年有两件特别重要的事情,无论多忙管理层都会推掉其他事务全程参与,一个是4~5月的人才盘点,一个是10~11月的战略盘点。

2010年4~11月,阿里发生了许多大事,例如推出了全球速卖通、合伙人制度，收购达通（国内的一站式出口服务供应商）等。在这期间涌现了许多人才，也出现了许多问题。再加上阿里为了上市引进了许多高层管理人员，冲击了原有企业文化等因素，增加了2010年的人才盘点难度。

为了更精准地进行人才盘点，各管理层听取了各子公司、业务单元以及各团队的盘点汇报，发现了许多问题，然后根据这些问题进行了深入的讨论，为此还闭关数天。人才盘点结束后，企业立刻召开了包含资深总监及以上集团高层管理者的组织部会议。在会议上，首次提出了"管理三板斧"的概念，明确了管理者应该具备的三种能力，并要求管理者平时要不断地练习，将这三种能力运用得炉火纯青，使其发挥出实用价值。

"管理三板斧"是阿里的原创理念与管理之道。从"管理三板斧"的提出到研发，再到运用，阿里投入了大量时间、精力与资源，特别是在管理培训这一方面。首先，阿里建立了一支拥有雄厚师资力量的队伍，例如王刚老师，经验丰富、善于总结，能够带给员工许多帮助。其次，阿里十分重视课后总结点评，可以从中得到有效的反馈意见。例如，王民明老师会以"管理三板斧"点评嘉宾的身份，为每一个来听课的员工做分析与点评；时任支付宝CEO的彭蕾，也会在Kick Off课程结束时进行总结反馈；时任支付宝CPO的刘墉也会全程陪同员工听课，并做好总结工作。

做任何事都不能"一口吃个胖子"，培养管理者也是如此。阿里明白，通过"管理三板斧"的培训只能有限地提高管理者的管理能力，并不能解决所有的管理问题。因此，阿里还通过开设网上课程、工作坊、沙龙等方式，以沟通、分享等形式，不断地帮助管理者实现自我突破，提升能力。

"管理三板斧"是阿里的核心管理之道，员工与管理者在学习时，付出越多，收获就越大。在四天的培训时间里，对各种真实的业务场景进行模拟重建，让管理者去学习、体验。这样高强度、高压力的训练会激发管理者不服输的精神与强大的内心力量。让每一个阿里人明白：阿里不只是为你提供一份工作，还能帮助你发现生命的意义。

"管理三板斧"其实在阿里也被称为"九板斧"。"九板斧"分为头部、腰部和腿部，分别对应初级、中级和高级管理者做经理技能（Manager Skill）、管理者发展（Manager Development）和领导力（Leadership）三个层次的管理培训。

在本书中，我主要分享给大家的是"腿部三板斧"，也就是"基层管理三板斧"。为什么我要先从基层讲起呢？这是因为绝大多数企业都是由中基层管理者驱动的。

企业的核心是人推动的，而"人"的核心就是中基层管理者。

就企业组织结构来讲，一般的企业组织可以分成三个管理层次，即决策层（高管）、执行层（中基层管理者）和操作层（员工）。组织的层次划分通常呈现为金字塔式，即决策层的高层管理者少，执行层的中基层管理者多一些，操作层的员工更多。

一般而言，高层管理者花在组织建设上的时间要比中基层管理者多，而中基层管理者花在管理工作上的时间要比高层管理者多。

如果把高层管理者比作球场上的教练，那么中基层管理者可以比作队长——不但要在场上指挥队友共同进攻，更要身先士卒。他们是企业不容忽视的中坚力量，既是企业发展的基础，又是企业人才的后备军。无数优秀的领导者，都是从中基层选拔的。

而阿里的强悍，就强在它的中基层管理者，从管理之道到管理力都极其强悍，他们为阿里的开疆辟土奠定了坚实的基础。阿里有一个特别重要的能力，就是批量生成管理者。那么，阿里是如何批量生成中基层管理者的呢？

具体落地到实操上，就是"腿部三板斧"的招开人、建团队、拿结果及领导力修炼。这是一套被阿里验证过的管理方法，实践证明，这套方法接地气、实用、有生命力。

需要特别说明的是，虽然阿里的"腿部三板斧"针对的是中基层管理者，但其实可以被所有的基、中、高层管理者所应用。因为阿里规模很大，而且经过多年的高速发展，其管理者的能力水平要高很多。阿里的中基层管理者，可以类比中小企业的高层管理者。所以这套管理方法适用于所有的管理者。

立言不易，感慨良多。阿里不只是一家企业，它推进的是一种文明、一种理想、一种使命，让天下没有难做的生意，这是我们在阿里做的事情。

助力企业，成就人才，成就每一位管理者，这是我现在正在做的事情。

历时良久，《阿里巴巴管理三板斧》终于打磨出炉。在本书中，我将为大家详细讲解"管理三板斧"的核心精髓与底层逻辑，教大家如何做好招开人、建团队、拿结果及领导力修炼。这是我在阿里沉淀下来的管理精华，是不掺半点水分的干货。希望通过本书能够把自己摸索出来的方法论传递给大家，让大家借鉴并有所收获。

每一个管理新人或是在管理中遇到过怎么带团队、怎么招聘人、怎么考核、怎么拿到结果等问题的经验丰富的管理者，都会在书中收获直击管理本质的价值点和方法论。

在本书中，你会获得：

一套正宗的阿里管理者成长体系；

实战性强、拿来就能用的方法论；

全面分析和拆解亲身实践的案例；

阿里"良将如云"背后的真实故事。

阿里的工作经历助我拥有了更大的梦想，所以我选择离开阿里，把在阿里沉淀的经验总结出来，帮助那些正在追求梦想的企业和管理者，就是我现在最大的梦想。

阿里因为相信，所以看见。我想，这就是我们坚持不懈的最大前提。因为信任，纵然很苦、很累，我们依然很快乐。希望本书能够给企业和管理者带来新的管理视角，加速团队成长，尽早实现梦想。

同时，我谨以此书献给所有为阿里付出过青春、汗水与智慧的人。

目 录
Contents

自序

第 1 部分
"管理三板斧"背后的逻辑　001

第 1 章　盛传江湖的"管理三板斧"到底是什么 / 002
1.1　今天的阿里巴巴良将如云，弓马殷实 / 003
1.2　"管理三板斧"的由来 / 008
1.3　何为"管理三板斧" / 012
1.4　绝大多数企业都是由中基层管理者驱动的 / 022
1.5　"管理三板斧"助你快速解决企业管理难题 / 032

第 2 章　激活组织，赋能于人——"管理三板斧"的底层逻辑 / 040
2.1　一个管理者的首要任务是赋能于人 / 041
2.2　让团队每一位伙伴相信"相信"的力量 / 048
2.3　一个合格的管理者应该有的四大品质 / 053
2.4　做好一个管理者须坚守的五条"管理之道" / 061

第 2 部分
"腿部三板斧"实操落地　067

第 3 章　招人，是一切战略的开始 / 068
3.1　一切的错误从招人开始 / 069
3.2　招人是管理者的事 / 077
3.3　从业务战略开始的人才战略 / 084

第 4 章　招人四步曲：选择大于培养 / 092

4.1　招人第一步：闻味道——价值观是否匹配 / 093

4.2　招人第二步：明确人才观——我们需要什么样的人 / 104

4.3　招人第三步：设置员工画像——北斗七星选人法 / 110

4.4　招人第四步：用行为面试法选择正确的人 / 120

第 5 章　开人：心要慈，刀要快 / 128

5.1　没开除过员工的管理者，不是好管理者 / 129

5.2　开人第一步：双轨制绩效考核——赏明星，杀白兔，野狗要示众 / 134

5.3　开人第二步："271"制度——抓"2"，辅导"7"，解决"1" / 146

5.4　开人第三步：离职面谈——"TRF"&"情理法原则" / 154

第 6 章　建团队：在用的过程中养人，在养的过程中用人 / 161

6.1　团队意义：一群有情义的人做一件有价值的事 / 162

6.2　思想团建一：统一的团队语言、符号和精神 / 168

6.3　思想团建二：把我的梦想变成我们的梦想 / 178

6.4　生活团建一：三个关键点 / 185

6.5　生活团建二：五个一工程 / 195

6.6　目标团建一：战争启示录 / 203

6.7　目标团建二：如何带领团队打好一场仗 / 211

6.8　目标团建三：借假修真，透过现象看本质 / 223

第 7 章　拿结果：目标就是结果，以结果为导向的努力才有意义 / 227

7.1　以始为终，结果背后的结果 / 228

7.2　定目标：目标的制定、宣讲与分解 / 234

7.3　追过程一：辅导员工成长的五大秘密武器 / 241

7.4　追过程二：找到藏在日常管理动作中的诀窍 / 249

7.5　拿结果一：做好 Review 的三个重要维度 / 260

7.6　拿结果二：客户盘点，锁定高价值用户 / 267

第 3 部分　领导力修炼　273

第 8 章　领导力三大修炼："揪头发""照镜子""闻味道" / 274

8.1　揪头发：培养见木又见林的系统思维 / 275

8.2　照镜子：定位客观真实的团队自己 / 282

8.3　闻味道：确保团队有相同的底层特质 / 289

附录　阿里"土话" / 297

后记：一颗心、一张图、一场仗 / 303

学员推荐 / 307

PART 1

第 1 部分

"管理三板斧"背后的逻辑

第 1 章
盛传江湖的"管理三板斧"到底是什么

第 2 章
激活组织,赋能于人——"管理三板斧"的底层逻辑

第1章
盛传江湖的"管理三板斧"到底是什么

阿里最强的不是产品,也不是运营,而是管理。

1.1 今天的阿里巴巴良将如云，弓马殷实

2018年，阿里做了一次新的组织调整，根据2018年第三季度财报显示，在阿里资深总监以上的核心管理人员中，"80后"占比14%；在阿里的管理干部和技术骨干中，"80后"占比已经达到80%，比如支付宝工程师许寄，带领近千人的技术团队，打造了9个国家和地区的"当地版支付宝"，2018年6月入选《麻省理工科技评论》"TR 35"榜单；在阿里的"90后"管理者已超过1 400人，占管理者总数的5%。

这就是为什么今天的阿里巴巴已经是"良将如云""弓马殷实"的依据。

高管团队良将如云

阿里的"最高机密"是组织架构图。

在近20年的时间里，阿里的组织架构发生了四次重大变动。相应地，高管团队也发生了巨大的变动。

第一次组织架构变动："达摩五指"，一线高管团队"五虎将"。

2006年底，阿里进行了第一次组织架构变动，阿里成为一个集团控股公司，下面成立了5个子公司，分别是：阿里巴巴、淘宝、支付宝、中国雅虎、阿里软件。当时，阿里巴巴CEO卫哲、中国

雅虎总裁曾鸣、淘宝总裁孙彤宇、支付宝总裁陆兆禧和阿里软件总经理王涛被称为阿里一线管理的"五虎将"。

第二次组织架构变动：七大事业群，一线高管团队"独孤七剑"。

2011年6月，淘宝被分拆为一淘网、淘宝网和淘宝商城（后改名为天猫）；2012年7月，聚划算从淘宝中被独立划分出来，这样，阿里拥有淘宝、一淘、天猫、聚划算、阿里国际业务、阿里小企业业务和阿里云七大事业群。

七大事业群的总裁分别为姜鹏、吴泳铭、张勇、张宇、吴敏芝、叶月和王坚，这七人被称为阿里的"独孤七剑"，他们是阿里最倚重的"良将"。

第三次组织架构变动：25个事业部，一线高管团队"独孤九剑"。

2013年1月，阿里集团上市板块被拆分为25个小事业部。一线高管团队在"独孤七剑"的基础上，增加了张建锋和陆兆禧，被阿里称为"独孤九剑"。

支付宝板被拆分为共享平台事业群、国内事业群及国际业务事业群，与阿里金融合并为"阿里大金融"，由彭蕾任CEO。

第四次组织架构变动：为未来5年到10年的发展奠定组织基础和充实领导力量。

2018年11月26日，阿里CEO张勇发表内部信，宣布新一轮的重大组织调整，并称其为"为未来5年到10年的发展奠定组织基础和充实领导力量"。

张勇将阿里云事业群升级为阿里云智能事业群，由首席技术官张建锋（花名"行癫"）兼任阿里云智能事业群总裁；同时成立新零售技术事业群，天猫将升级为大天猫，形成天猫事业群、天猫超市事业群、天猫进出口事业部三大板块，分别由靖捷、李永和（别名"老鼎"）、刘鹏（别名"奥文"）任总裁；菜鸟网络将成立超市物流团队和天猫进出口物流团队。

陈丽娟（花名"浅雪"）带领的阿里人工智能实验室将进入集团创新业务事业群；张忆芬（花名"赵敏"）出任阿里妈妈总裁；董本洪（花名"张无忌"）继续担任阿里首席市场官；樊路远（花名"木华黎"）担任阿里大文娱事业群新一届的轮值总裁。

为何阿里的核心高管团队一直在不断地变化？

这是因为阿里要成为一家持续发展102年的企业。要成为这样的企业，就必须确保业务不断创新，而业务创新就需要核心决策团队不断迭代升级，跟上时代的发展。

一家企业能够培养出一支稳定的核心高管团队已属不易，而阿里不仅培养出了一大批杰出的高管团队，更令人赞叹的是，其高管团队还能保持源源不断的新生力量。

这样一支铁血团队，是阿里实现持续发展102年愿景的关键。

离职员工人才辈出

阿里的"良将如云"除了如今在职的团队，离职的人也称得上是"良将如云"。

图1-1中都是从阿里离职的人，

图1-1 从阿里离职的"良将"（部分）

他们如今是中国知名互联网企业创始人、董事长。比如滴滴出行的投资人王刚和创始人程维，美团的干嘉伟，赶集网的陈国环，去哪儿网的张强……他们都是从阿里出来的"良将"。

10年前，阿里希望能够培养出大量人才。如今，在中国500强的企业里有超过200家企业的高管都是从阿里出来的。夸张地说这些力量掌控着互联网行业的半壁江山也不为过。

阿里培养了如此多的人才，而且这些人才正在源源不断地从阿里走出去，都说"铁打的营盘，流水的兵"，阿里是名副其实的"营盘"。

对于从阿里离职出去创业的人，阿里一直有开放、宽容的态度。阿里是一家帮助创业者创业的企业。进阿里难，出阿里容易，进阿里要经过7~8次面试，但离开阿里很容易，阿里鼓励任何人创业，这也证明了阿里组织的活力和强大。

"管理三板斧"让阿里"弓马殷实"

不管是如今阿里在职的"良将"，还是已经离开阿里去创业的"良将"，比如从前台做到掌管着千亿市值的菜鸟集团总裁童文红，从一名普通销售员做到阿里集团合伙人的方永新花名（"方大炮"），原支付宝董事长彭蕾、阿里首席人才官蒋芳、B2B事业群总裁戴珊等，身上都有一个共同点，那就是他们都是从"草根"做起，一步步成长起来的。

这些人为何能成长呢？

我认为，他们都是在阿里完善的管理者培养体系下成长起来的，也就是本书将介绍的重点——"管理三板斧"。

"管理三板斧"真正满足了阿里的要求。在阿里十年的时间里，培养了大批的管理者，成就了很多人，效果极其显著。

德鲁克先生说过:"管理者不同于技术和资本,不可能依赖进口,管理者只能培养。"

在阿里,我们常说"是人才才能去做管理,而不是因为做了管理才能成为人才"。关于这一点,我深有体会。我之所以在阿里成长,归根结底就是因为我是一名管理者。管理岗位对一个人的磨砺,尤其在胸怀、格局、事业方面是非常难得的,所以我非常感谢阿里,感谢阿里的管理者培养体系。

我想用一句德鲁克先生的话和大家共勉:

"管理是一种实践,其本质不在于知,而在于行,其验证不在于逻辑,而在于成果,其唯一的权威就是成就。"

管理者练习 / 请管理者思考一下,你做管理者这么久,带出了几个可以被称为"良将"的人?

1.2 "管理三板斧"的由来

"管理三板斧"的背景

说起"管理三板斧",首先要从它的背景说起。

时间回到1999年,在当时阿里的团队里,没有人在管理方法上有所建树。关明生(原阿里总裁兼COO)虽然有丰富的管理经验,却不知道如何传道授业解惑。好在其他管理层成员有非常擅于讲故事的人,经常给团队成员讲这样一个故事:

元朝是中国历史上首个由少数民族(蒙古族)建立的大一统王朝。让人感到神奇的是,元朝并无很厉害的将帅,比如关羽、张飞、吕布这样的猛将,更没有岳飞这样的民族英雄,也没有有名的兵书。那么,为什么蒙古族能建立元朝,拥有这么辽阔的土地呢?

看完元朝的结构你会发现,元朝的厉害在于"十夫长"(较低级军职,通常率领10人左右的小队,等同于班长)、"百夫长"(统率百人的军帅)这样的军衔管理制度。他们相当于元朝的基层管理者,每天和士兵吃在一起、住在一起、玩在一起。打仗的时候,这种相互的照应支持、信任,使得军队战无不胜、攻无不克。这就是蒙古军队的核心所在。

受这个故事的启发,阿里深度学习了蒙古军队的管理模式。阿里的强悍(尤其是"中供铁军")就强在中基层管理者,它为后期阿里开疆辟土奠定了坚实的基础。这也是"管理三板斧"产生的背景。

"管理三板斧"的前世今生

在"管理三板斧"诞生之前,阿里的管理者培训是从 2000 年年底开始的。最早的管理者培训是阿里与外面的培训机构合作开发的,比如 AMDP(Alibaba Management Development Program)。当时关明生、彭蕾等人,都要给管理者上课。

经过一年多的课程学习、优化和迭代,阿里又开发了一些新的课程,比如 ALDP(Alibaba Leadership Development Program),不同的课程体系有不同的命名,比如"侠客行""赛金花""飞雁班"等。

通过对管理者的培养,以及阿里对内部管理意识和管理理论的不断提升,2002 年阿里针对三层管理者的培养体系逐渐搭建起来,并且被一直应用到 2006 年。现在看来,这套培养体系看似"粗浅",却让阿里的管理水平得到了明显的提升,促进了阿里的业务和团队快速发展。

2007 年正是电子商务的风口,阿里为了抓住这一风口,创建了很多新的业务和团队,比如淘宝、支付宝等。这时,原来的管理者培养体系已经不能支撑新的业务和团队,于是阿里对领导力进行了系统的优化。这一年,阿里针对高层管理者的选、育、用、留等问题,成立了专门培养高层管理者的"湖畔学院"(见图 1-2)。

图1-2 阿里"管理三板斧"的前世今生

2009年,阿里快速从2 000人发展到近10 000人,人员的快速增加对组织最大的挑战是缺乏管理者。于是,如何培养大量的管理者就成了关乎阿里发展的关键问题。为此,阿里从外面引进了大量的课程,但效果很难令人满意。

2010年5月是阿里的"人才盘点"时间。这一年的"人才盘点"特别辛苦,高层管理者闭关了好几天,先后听取了各子公司、板块负责人的汇报,发现了很多问题。尤其是中基层管理者,也就是阿里眼中的"腰部"和"腿部"管理者,问题较为明显。

"人才盘点"完成后,企业马上召开了组织部(包含资深总监及以上集团高层管理者)大会。在会上,高层管理者严肃而明确地提出了对各层管理者的能力要求,并对阿里管理者培养体系说出了自己的要求——"管理者培养"课程要极其简洁、高效。说到这里,他举了"程咬金三板斧"的例子。

程咬金遇到一位贵人,只学了三招,但简单实用,威力无比。

他要求阿里的管理者培养体系应该要像程咬金的三板斧一样,简单三招,反复训练,反复应用。无论是什么层级的管理者,只要掌握三招,就能"一招制敌"。特别是对于中基层管理者,不要有太多的理论,只要学会核心的几招就能带出"铁血团队"。

在这种背景下,阿里的培训部把管理者能用到的核心能力进行分解,分解之后再结构化,开发了一整套管理者的培养体系。

2010年,"管理三板斧"的雏形在阿里诞生。

1.3 何为"管理三板斧"

外界关于"管理三板斧"的报道有很多,什么说法都有。到底什么是"管理三板斧"?只有真正体验过的人最懂。

很多人都认为"管理三板斧"是具体的某三招,其实不然。在我看来,它是一种结构化的思维方式。阿里的"三招",其实说的是进行有效管理的三个核心环节或动作。

"人才盘点"之后,阿里各个事业部开始对这一管理理念和思想进行提炼和融合,一开始是"中供铁军"衍生出自己的"三板斧",后来支付宝衍生出"支付宝三板斧",淘宝衍生出"淘宝三板斧",还有"湖畔三板斧""阿里制度三板斧"等。"三板斧"被衍生得各不相同。

"阿里管理三板斧"其实在阿里也被称为"九板斧"。"九板斧"分为头部、腰部和腿部,分别对初级、中级和高级管理者进行经理技能、管理者发展和领导力三个层次的管理培训(见图1-3)。

在早期的"阿里管理九板斧"里,腿部力量(基层管理三板斧)分为招人与开人(Hire & Fire)、建团队、拿结果;腰部力量(中层管理三板斧)分为揪头发、照镜子、闻味道;头部力量(高层管理三板斧)分为战略、文化、组织能力。

后期,随着"九板斧"的不断迭代和衍生,腰部力量的"三板斧"开始偏向于领导力的修炼,演变成懂战略、搭班子、做导演,聚焦在"术"的层面;头部力量的"三板斧"演变成定战略、造土壤、断事用人,同样聚焦在"术"的层面。

下面,我将结合早期的"阿里管理九板斧"的"腿部力量"和"腰部力量",加上后面迭代的"九板斧"的"头部力量"具体介绍每个管理层级的"三板斧"。为何要两者相结合呢?这是因为我在为企业中基层管理者做培训时,通过实践发现,只有两者结合,才能真正把"中基层管理三板斧"落地。

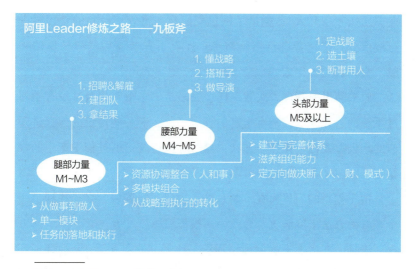

图 1-3　阿里 Leader 修炼之路

基层管理三板斧

"基层管理三板斧",也就是"腿部三板斧",这也是阿里针对基层管理者率先提出的三个管理技能。

"基层管理三板斧"为招开人、建团队、拿结果。

"基层管理三板斧"是本书的主要内容,"中高层管理三板斧"我将在后面的书中陆续呈现。在这里,我主要向大家分享一下"基层管理三板斧"的具体迭代、优化过程,因为这是决定"三招"

是否能有效地培养出中基层管理者的参考依据。

当"基层管理三板斧"的三项管理技能确定后,为了证明这一管理技能的有效性,阿里湖畔学院开始进行课程开发。在孙鉴、晓佳、陆凯薇、王民明、万菁老师的指导下,"基层管理三板斧"被设计成了一套四天三晚的体验式课程。

当时彭蕾刚接手支付宝,所以这一课程首先在支付宝进行了试点。比如"招开人",邀请了阿里集团有丰富管理经验的管理层进行授课,对管理者进行招聘演练。连上了几节课后,学员反馈一般。为什么呢?

原来阿里的管理者跟我一样,大多是"草根"出身,没有学习过系统的管理理论或拥有丰富的管理经验,对一些传统的、只讲理论的培训方式比较排斥。那么,如何解决传统培训过程中产生的难题呢?

擅于创新的阿里人在不断总结、探讨、提炼后,终于找到了一个很好的方法来突破这一瓶颈——模拟演练。

于是,在接下来的培训课程里,比如"拿结果",老师会提炼出具体的使用场景,如定目标、绩效评估和绩效沟通、对结果的奖赏和激励。

这时恰逢支付宝事业部准备开始设计上半年目标,于是彭蕾就把管理者组织起来,让每个人把自己制定的目标写出来,让老师来分析目标设定是否合理,以及如何把目标分解给团队的成员等。经过一天一夜的培训,所有管理者都学会了如何制定目标。

受这次培训的启发,阿里开始对管理者的培养方式进行大胆变革。管理者内训与实际业务挂钩,把业务场景浓缩在4天之内,通过"以战养兵"的方式培训管理者。

这一培养方式得到推广后，学员反馈很不错，基层管理者的管理能力得到了很大提升，尤其是在心力、脑力、体力方面的提升特别明显。直到现在，我还记得我当时上完课后的直观感受。当时作为基层管理者的我，以往每次团队遇到问题，我总认为是团队成员的问题。在学习了"基层管理三板斧"后，我才意识到自己不是一个优秀的管理者，所有团队的问题都出在自己身上。**没有管理不好的人，只有不会管理的人。**

当然，"基层管理三板斧"作为阿里最重要的培养体系之一，不管是在人力还是物力上，投入都是巨大的。无论是讲师还是嘉宾，都是豪华阵容，由集团组织部的高管出任，比如彭蕾、王民明、王刚等人。

"基层管理三板斧"为阿里培养了一大批中流砥柱，即使后来这些管理者离开了阿里，也依然会用"管理三板斧"的方式来培养公司的管理者。比如在我的公司，我是完全按照"管理三板斧"的方式来培养管理者的，也确实带出了很多优秀的管理者。我的合伙人龚梓是一个"90后"，在进入公司后的短短几个月里迅速成长起来，从担任我的课件助手开始，到成为我的合伙人，为公司的发展付出了心血和汗水。

再比如，某出行App的创始人程维，在离开阿里创办某出行App后，在公司以"管理三板斧"为原型开发了培养管理者的内训课程，并收到了很好的效果。

中层管理三板斧

"中层管理三板斧"，也就是"腰部三板斧"。腰部在人的身体中起着承上启下的作用，"中层管理三板斧"也起着同样的作用。

而中层管理者也是最容易出现问题的层级，比如"屁股决定脑袋"的本位主义、"捡了芝麻丢了西瓜"的急功近利、短期目标与长期目标的不平衡、"山头林立，各自为战"的圈子利益、大团队的战略与小团队的发展难以取舍等问题。

"中层管理三板斧"致力于塑造一个内心强大、使命驱动的优秀中层管理者，通过组织和平台的力量，打造企业管理团队的梯度成长和发展的基础，并在管理者成长过程中，真正促进整个组织的成长。

"中层管理三板斧"为揪头发、照镜子、闻味道（见图1–4）。

图1–4 中层管理三板斧

"揪头发"修炼的是管理者的眼界；"照镜子"修炼的是管理者的胸怀；"闻味道"修炼的是管理者的心力。这三项管理技巧在阿里被称为"管理者的修炼"。

"揪头发"是培养管理者向上思考、全面思考和系统思考的能力，杜绝"屁股决定脑袋"和"小团队"现象，要上一个台阶看问题，从更大的范围和更长的时间来考虑组织中出现的问题。比如当两个部门之间发生了矛盾，作为中层管理者，你要站在上级的角度看问题。为此，阿里设置了一个标准：逐级分配任务，跨级了解情况。用阿里的"土话"来描述就是：**和你的下属谈工作，和你的下属的下属谈生活**（见图1–5）。

图1-5 阿里休息区的展示

"照镜子"是一种自省行为,所谓"以人为镜,可以明得失",中层管理者要时常"照镜子"来完善自我。"照镜子"有"三照":

做自己的镜子——找到内心强大的自己,感受强大的自我,在痛苦中坚持自己,成就别人;

做别人的镜子——中层管理者要成为下属的"镜子",在合适的时候给下属积极反馈,要主动创造条件,帮助下属成长和发展;

以别人为镜子——中层管理者要以下属和上级为"镜子",从不同的"镜子"中发现自己、认知自己,从而完善自我,成就团队组织。

"闻味道"的提出源于企业高层。高层管理者都有一个习惯,喜欢到各个事业部中的各个团队去转悠,看看大家的工作状态如何,比如这个团队为什么死气沉沉的,那个团队为什么没有凝聚力,另一个团队在哪些地方是有"阿里味儿"的,这一过程用"土话"表示为"闻味道"。"闻味道"考验的是管理者的判断力和敏感力,修炼的是心力。

任何一个团队的氛围,其实就是管理者"自我味道"的体现与放大,一个管理者的"味道",就是一个团队的空气,无形无影但无时无刻不在影响着每个人思考和做事的方式,尤其影响团队内部的协作以及跨团队之间的协作。

作为一个优秀的中高层管理者,一定要有的味道是:简单信任。味道是管理者自然散发的,刻意的散发反而形神不符。

管理者要有能力去把握和识别团队的"味道",通过观察员工的情绪、工作氛围,找到正面或负面的信息,及早防微杜渐。"闻味道"一定要闻到事件的背后,闻到人的内心。在阿里,我们相信一个团队的"味道"是慢慢"炖"出来的。

高层管理三板斧

"高层管理三板斧",也就是"头部三板斧",修炼的是管理者的领导力。

"高层管理三板斧"为定战略、造土壤(文化)、断事用人(组织能力)。

战略是一家企业的未来和方向,"定战略"就是要求高层管理者设计出适合企业发展和市场需求的产品。在阿里,有这样的一个公式(见图1-6):

图1-6 公式

通俗地说,如果做到严格执行正确的战略,企业就成功了。这个公式看起来简单,但要做到却不容易。在阿里,我们都相信"好战略是熬出来的"。

"造土壤"是指孕育企业文化。在阿里,企业文化是贯穿所有管理理论的核心,它占的比重非常大。俗话说"有道无术尚可术,有术无道止于术",无论是什么样的企业顶层文化设计,都离不开员工关怀(见图1-7)。阿里的价值观有诚信、敬业、激情,表面看起来不像是一个公司的价值观,而像是做人的标准。

图1-7 阿里关于企业文化的宣传语

"断事用人"说的是组织能力,这是高层管理者最核心的管理能力。如今企业的员工以"80后""90后"为主,要管理好这些年轻的员工(尤其是倡导"成就感"的"90后"员工)是每个企业最大的难题。对于这一点,华为公司的资深顾问田涛说:"**管理'90后'员工要做到'蓬生麻中,不扶自直'**。"意思是说要多给"90后"员工强调这份工作的价值,当然前提也要让员工赚到钱。若员工连温饱都解决不了,你跟他们谈价值、聊梦想无异于痴人说梦。管理就是要不断地激发人的责任、价值、成就,最终实现自我管理,对"90后"员工尤其如此。如今的企业要发三份薪水:第一份薪水是财务薪水;第二份薪水是能力薪水;第三份薪水是价值薪水。

在阿里,组织能力是一个"三角框架":一个团队的思维模式包括员工是否发自内心地愿意干,员工会不会干,团队容不容许他做(见图1-8)。

"高层管理三板斧"又可以拆分为"道、谋、断、人、阵、信"。在图1-9中,上面是道,包括愿景、使命、价值观;中间是谋、断,即战略、战术;下面是人、阵、信,也就是组织能力。

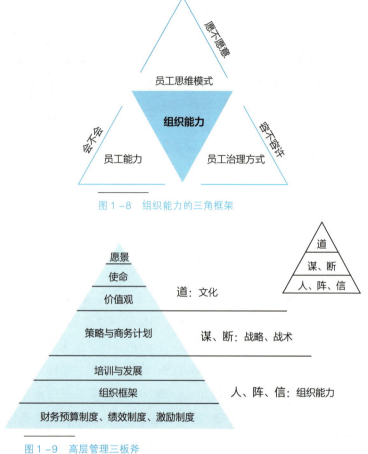

图1-8 组织能力的三角框架

图1-9 高层管理三板斧

三板斧的精髓：做事情、培养人、拿结果

上面是"管理三板斧"的基础内容，我认为"管理三板斧"的精髓就在于通过这些管理技能的修炼，打通人和事之间的"任督二脉"，最终达到做事情、培养人、拿结果的目的。

头部管理者要修炼"断事用人"的眼光，用对"腰部"或"腿部"管理者，是打通"要害"的第一步；"腰部"管理者要把团队建立起来,把人和事打通;"腿部"管理者要重点关注招开人,打通人和事。打通人和事后,一个团队才具备拿结果的能力,才能真正建立起符合团队的文化。当团队文化建立起来以后,人和事才能合一。

这个过程被阿里总结为一句话:一张图、一场仗、一颗心。头部管理者要设计出明确的团队战略大图,中层管理者要让团队成员在这张图上找到自己的定位,基层管理者要让团队成员凝聚成一颗心。唯有如此,才能达到一群有情有义的人共同做一件有意义的事情的目的。

以上就是"管理三板斧"或是"九板斧"的内容,正是这些高度概括的管理技巧,让阿里拥有一支铁军,从而成为一家具有强大生命力的企业。

"阿里管理三板斧"是结构化思维,阿里有自己的"三板斧",滴滴有自己的"三板斧",美团有自己的"三板斧",每个企业都应该有自己的"三板斧"。"阿里管理三板斧"虽然为阿里、为互联网行业培养了诸多优秀的管理者,但到目前为止,还没有一种管理体系适用于所有的企业(包括其他行业,比如制造、科技等)。所以,企业可以利用"阿里管理三板斧"的模式去思考自己的"三板斧",找到适合自己企业的管理者成长体系。

管理者练习 / 闭上眼睛思考一下"管理三板斧",你能画出思维导图吗?

1.4 绝大多数企业都是由中基层管理者驱动的

看到这个标题,你可能会反问:企业真的是由中基层管理者驱动的吗?

之前的我,和你有一样的疑问。但我在经历阿里的管理培训、成长以及创业的修炼之后,改弦易辙。我认为:企业的核心是人推动的,而人的核心就是中基层管理者。

试想一下,企业中有几类人呢?

从企业组织结构上讲,一般企业的组织可以分成三个管理层次,即决策层(高管)、执行层(中基层管理者)和操作层(员工)。组织的层次划分通常呈现为金字塔式,即决策层的高层管理者少,执行层的中基层管理者多一些,操作层的员工更多(见图1-10)。

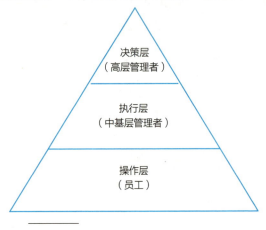

图1-10 企业组织层次划分金字塔

一般而言，高层管理者花在组织和控制工作上的时间要比中基层管理者多，而中基层管理者花在团队管理工作上的时间要比高层管理者多。

如果把高层管理者比作球场上的教练，那么中基层管理者就可以比作队长——不但要在场上指挥队友共同进攻，更要身先士卒。中基层管理者是企业不容忽视的中坚力量，既是企业发展的基础，又是企业人才的后备军。无数优秀的领导者，都是从中基层选拔出来的。

中基层管理者四大力量

作为中间层的中基层管理者是企业的中坚力量，承担着企业决策、战略执行及基层管理与决策层之间沟通的作用。他们的工作既承上启下，又独当一面。中基层管理者在企业中的力量，具体体现在以下"四jian"：

"一jian"是中基层管理者是中"间"力量。中基层管理者所处的位置承上启下，上有领导、高层，下有普通员工，中基层管理者如同一块"夹心饼干"，既需要领会领导的意思，又需要安抚好员工的心，中基层管理者需要面对双向挑战。比如，当领导布置一项任务时，往往不会说得很通透，只说一个大概的方向或一个关键点，剩下的就需要中基层管理者自己去揣摩。中基层管理者能不能正确领悟到领导的意思，能不能正确地由点及面将工作开展起来，这就要看中基层管理者个人的悟性了。这对于中基层管理者而言，无疑是一个很大的考验。在弄明白领导的意思后，中基层管理者还需要向下属传达清楚，不能只说一个大概意思。

"二jian"是中基层管理者是中"艰"力量。中基层管理者所处的位置不上不下，如果做得不好，很有可能变为普通员工；如果做得出色，则会有更加艰难的事项需要克服。

"三 jian"是中基层管理者是中"煎"力量。中基层管理者不但需要上传下达各种信息，还要能够忍受来自于四面八方的压力。所以，中基层管理者的工作也是备受煎熬的。

"四 jian"是中基层管理者是中"坚"力量。对于普通员工而言，中基层管理者就是距离他们最近的标杆与榜样，中基层管理者的一言一行都能影响普通员工的工作积极性。而对于领导而言，中基层管理者必须是有力的臂膀。因此，中基层管理者不仅要有超强的工作能力、超高的思想素养，还要有超棒的身体、超强大的内心。

麦肯锡公司曾经做过一项关于企业管理者重要性的调查，调查结果表明：公司能够达到高绩效，获得长远发展，其关键不在于高层管理者，而是在于中基层管理者。

由此可见，中基层管理者在企业中的作用不容小觑。中基层管理者作为距离普通员工最近的人，他们的素质高低直接影响着普通员工的职业行为，甚至对于企业的长远发展都有巨大的影响。

阿里批量生产中基层管理者

阿里是一个非常重视中基层管理者的公司。从1999年创业到今天，一个只有18人的小公司到今天拥有5 000亿元市值的"经济体"，阿里只用了19年的时间，可以说是飞速，甚至光速发展。那么大家可以思考一下，阿里为什么如此强悍呢？

有人说是因为跟对了趋势，正好赶上互联网大潮；有人说是因为阿里的合伙人们超级厉害，像蔡崇信、曾鸣、关明生、卫哲、张勇等；还有人说是因为阿里的文化体系、运营体系、政委体系、组织体系所向披靡，成为很多企业竞相效仿的对象……

这些答案都是对的。但是最关键的因素正如本书开头所言，是阿里人，尤其是阿里的中基层管理者。阿里的强悍，强在它的中基层管理者。从管理之道到管理力都极其强悍，它为阿里的开疆辟土奠定了坚实的基础（见图1-11）。

阿里的中层管理者属于"腰部管理者"，阿里把中层管理者比喻成企业的腰，因为腰挺直了，头才能灵活。在阿里，"腰部管理者"是指M4总监~M5资深总监，已经有一定的管理经验，要求管理者有从带一个小团队到带多个团队，从执行到资源整合协调的经验和能力。

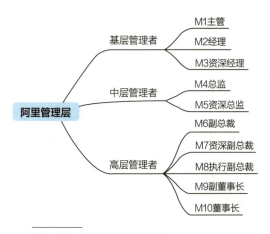

图1-11 阿里管理层结构图

怎样才算是好的中基层管理者？阿里对于中基层管理者有着明确的选拔机制，并给出了中基层管理者的能力模型：快速应变、迭代创新、群策群力、协作共赢、把握关键（见图1-12）。

阿里有一个特别重要的能力，就是批量生成管理者的能力。那么，阿里是如何批量生成中基层管理者的呢？

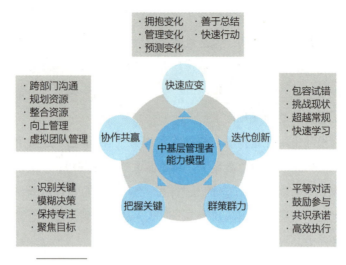

图 1-12 阿里的中基层管理者能力模型

❶ 赋能之术：外招内养相结合，同时侧重于内部培养

对于中基层管理者，阿里坚持"外招内养相结合，同时侧重于内部培养"的策略。对中基层管理者，阿里更强调他们的执行能力。因此，阿里针对中基层管理者的培养开发了一系列的基础课程。这些课程由阿里内部培训团队倾心打造，其中大部分内容由阿里高层管理者授课。

比如，对于一线的管理者，阿里开发了一套名为"侠客行"的培训课程。这套课程的主要特色就是通过"课上案例演练＋课后作业练习＋课后管理沙龙"的模式来提升中基层管理者的能力，帮助中基层管理者快速明白其所在岗位的职责；并通过多场景模拟演练，帮助中基层管理者快速适应不同的环境场景，能够对所学的方法与技能灵活运用。

同时，阿里研发了管理者进阶课程以及"管理者能力图谱"，激励中基层管理者在做好自己的本职工作之后，努力向上攀登。课后的管理沙龙模块,主要是为了促进阿里的新晋中基层管理者能够加强与阿里的资深管理者和同期管理者之间的沟通与交流。因此,课后的管理沙龙也被称为"良师益友"的管理。

除了理论课程之外,中基层管理者还要学习阿里的实操性课程。比如,阿里会采用手工坊的形式,创建能够促进团队战略统一的共创会,以及能够帮助中基层管理者深度分析与全面把控团队现状的六个盒子(见图1-13)。除此以外,阿里也会组织中基层管理者对社会热点与文化融合等问题展开深度讨论。

上文中提到的六个盒子也被称为韦斯伯德的六盒模型,六个盒子是企业内部不断自我反省与革新的有力模式。

正如在阿里流传甚广的一句话,"不管业务和组织架构怎么变,六个盒子跑一遍"。在六个盒子的指导下,中基层管理者能够快速地认清现状,开启未来。六个盒子如同连接起现在与未来的桥梁。帮助中基层管理者全面认识自我,快速熟悉业务团队的框架结构,明白自己在阿里团队中所处的位置和应该履行的职责。

阿里巴巴的组织诊断工具——六个盒子

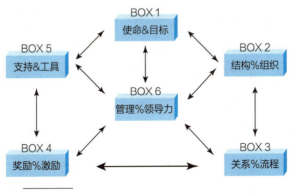

图1-13 六个盒子

而共创会是阿里为中基层管理者搭建的一个专门交流与探讨的区域。当中基层管理者面对不懂的业务场景时，可以采用会议的形式和其他的管理人员一起分享讨论，最终得出答案。在这个区域中，中基层管理者可以自由地讨论个人未来的职业成长、团队未来的发展方向等问题。

中基层管理者在明确方向后，还要通过"通混晒"来确保目标能够清楚地传递到各个层面，以保证所有人能够围绕目标高效协作。共创会和"通混晒"是阿里中基层必须参与的活动。

除此以外，阿里的中基层管理者还要加入阿里的专属学习平台。这个平台是为了提升阿里人的整体素质而打造的。在这里，阿里的中基层管理者可以报名参加阿里的线下培训课程，来提升自己的管理能力。通过视频、书籍学习过去的成功经验，为自己以后的工作做好积累，还可以建立学习计划鼓励自己不断学习。

❷ 修炼之术："腿部三板斧"和"腰部三板斧"

修炼之术指的就是前文提到的"腿部管理者"的"招开人、建团队、拿结果"以及"腰部管理者"的"揪头发、照镜子、闻味道"。阿里"管理三板斧"，主要是通过组织和平台来构建企业管理团队的梯度成长和发展根本，意在打造一个具有强大内心的、以人为本的、使命驱动的优秀中基层管理者团队，并且在促进管理者完善自身的同时，实实在在地促进整个团队进步。

❸ 辅导之术：我说你听，我做你看；你说我听，你做我看

阿里重视高层接班人的培养，让各岗位的中基层管理者有针对性地进行人才培养，从高层到各级主管的接班人均有培养方案。因此，阿里的优秀人才储备一直源源不断，队伍越来越壮大。高速发

展中的阿里减少了人才缺失的风险,各级岗位都有储备人才培训,在原管理者离职的情况下,新的管理者也能第一时间填补上岗,让工作第一时间走上正轨。

阿里培训新管理者的方法是"我说你听,我做你看;你说我听,你做我看"。这个方法很好理解,就是我把怎么做说给你听,我把怎么做做给你看;你把怎么做说给我听,你把怎么做做给我看。

❹ 管理之术:向下看两级,向上看两级

在中基层管理者中很容易出现的问题有:本位主义,即在处理关系时只顾自己,不顾整体利益;急功近利,不能平衡好短期利益与长期目标的关系;各自为战的圈子利益以及大团队战略与小团队发展的抉择不匹配。

优秀的中基层管理者起码要做到眼界开阔、胸怀宽广。

在阿里,为了开阔中基层管理者的眼界及格局,"向下看两级"和"向上看两级"的方法在管理上尤为有效。

"向下看两级"指的是中基层管理者要看直接下属和再往下一级的下属,让自己的决策能够清晰地传递到两级下属中去,减少重点业务信息在传达过程中的流失。这种方法能够让中基层管理者更好地理解决策,解决执行过程中的沟通问题。

"向上看两级"指的是中基层管理者的眼界要开阔,让自己处于比自己职位高两级的位置上思考问题。比如,你是经理,那么就可以把自己的思维层面放在总裁的位置上,上级所拥有的参与支持和资源支持,就是最重要的资源。优秀的中基层管理者并不会对员工指手画脚,而是要在员工需要帮助的时候提供有力的支持,雪中送炭。阿里通过赋能、引导、教练的方式,帮助中基层管理者快速

成长。比如，我十几年前只是"草根"，加入阿里后，在阿里完善的管理者培养体系中成长。

阿里成就了一大批像我一样的中基层管理者。我们就像阿里的"十夫长、百夫长"，每人管理十几个员工，每天与团队伙伴工作在一起、团建在一起，彼此之间非常熟悉。为了共同的目标，相互协作、彼此照应，结果是目标必达。这就是阿里强悍的原因。

所以，**中基层管理者是驱动企业持续向前发展的核心主力**。说到这里，一些中小企业、创业企业的管理者可能会质疑：阿里是大企业，那中小企业、创业企业也是这样吗？

我的企业如今是做企业管理培训与咨询的，作为创始人，我有幸深入众多处于成长期的中小企业，看到了他们在用人上面临的真实问题。我认为，他们不缺高管，更不缺员工，他们缺的是中基层的主管、经理。很多中小企业为了解决这个问题，采用"空降"的方式，结果大多数人因"水土不服"而离开；还有的企业想培养拥有自己企业文化属性的中基层管理者，但不知道如何培养。这就是中国4 300万中小企业面临的真实的、迫切想解决的难题。

因此，不管是像阿里这样的大企业，抑或是中小企业、创业企业，推动其向前发展的不懈动力都是大量的中基层管理者。如果没有这些人，那将会对组织的发展造成最大的制约。

到这里还没有结束，我们应该想一下如何解决这个问题。先抛出我的观点：**中基层管理者最好不要"空降"，而要自己培养，没有其他捷径**。如果你也认识到这一点，你会发现：今天你缺少人才，不是由今天决定的，而是由3年前决定的，是因为3年前你没有培养人才。同样，3年后你缺少人才，是由今天决定的。现在，如果你还不重视人才的培养，特别是对中基层管理者的培养，3年后你会发现，你仍然缺少人才。

如何培养中基层管理者，就是本书的主要内容，这些都是企业可以拿来即用的落地方法，希望你一年后能培养出优秀的中基层管理者。

管理者练习／你的企业是否重视中基层管理者？是否有好的培养机制？

1.5 "管理三板斧"助你快速解决企业管理难题

企业管理中经常会出现一些令管理者头疼的问题，正确理解这些问题才会让企业的发展更进一步。那么，管理者应如何透过现象看本质？企业管理中有哪些共同的难点和痛点？

企业管理四大难题

下面是我在为企业培训的过程中总结出来的企业管理的四大难题：

❶ 外面的人招不来，招来的人激不活，激活的人留不住

正所谓"众人拾柴火焰高"，一个企业要想发展壮大，光靠领导一人难于上青天，还需要团队成员同心协力，方能其利断金。因此，优秀的团队是企业发展的第一生产力，没有这些人才的共同努力，就没有企业的长远发展。这是经得起时间检验的真理。

中国正在逐步进入老龄化社会，人口福利时代即将结束，这给企业招聘人才带来了极大的困难。据调查显示，越年轻的群体，其在职时间也就越短。目前，7个月是"95后"的平均在职时间，有一部分人甚至觉得换工作如同换衣服，不喜欢就离职。因此网上还流传出了各个年龄阶段对待离职的看法：

60后：什么是离职？

70后：为什么要离职？

80后：薪水不高、没发展空间就离职；

90后：感觉不爽就离职；

95后：老板不听话我就离职。

随着时代的发展，越来越多的年轻人提倡追求个性，就连对待工作的态度也不例外，这使企业不仅面临着招人难的问题，还面临着管理方式亟待更新的挑战。对于企业来说，招聘成本与管理成本正在逐年增加，这就要求管理者要招对人，只有这样才能在最大程度上节省招人的成本。招对人，可以说是绝大部分管理者最头痛的问题——外面的人招不来，招来的人激不活，激活的人留不住。

外面的人招不来。许多大企业，如阿里、华为等因为有品牌背书、待遇佳，求职者都会"削尖了脑袋往里挤"，所以招人一般不难，只是苦于招不到合适的人。而中、小、微企业没有大企业那样雄厚的资本力量，经常会出现缺人的情况。那么，中、小、微企业应该怎样做才能招到人才呢？这是本书第3～5章主要探讨的问题。

招来的人激不活。许多管理者在进行招聘时，会出现这种情况：通过"遍地撒网"和"层层选拔"的方式招来的人才依旧不尽如人意，大部人没有工作热情，在公司混日子，最后不到一个月就纷纷辞职。出现这样的状况很可能是薪酬不到位、发展前景不好等原因，但更多的原因是招进来的员工无法认同公司的文化与价值观，因此不喜欢这份工作，没有进取心。反之，如果新招进来的人能够很好地融入公司、适应公司的文化，就会把工作当事业，愿意与公司一同成长，并会为之努力奋斗。

这样的人就是适合公司的人，就是对的人。即使福利待遇与其要求还有差距，他也喜欢这份工作，会积极地改变自己去适应这份工作。管理者应该明白一点：喜欢公司的人不一定会适应公司，但能适应公司的人一定是喜欢公司的人。

那么怎么招到喜欢公司的人呢？要解决这个问题，我们先来看一个论题：是意愿更重要还是能力更重要。

人的能力是经历的产物，而不是意愿的产物。管理者容易犯的错误是：错把意愿当能力。管理者一定要清楚工作动机和实际能力之间的关系，如果没有相关的技能和经验，即使员工工作热情高涨，也很难取得好的结果。所以管理者在招人时，不要错把意愿当能力。关于这一点，在后面的章节会具体分享解决方法。

激活的人留不住。许多管理者可能在耗费大量人力、财力培养出人才后，却发现都是"为他人做嫁衣"。培养的人才纷纷跳槽去了竞争对手的公司，或者直接自立门户，管理者落了个出力不讨好的结果。出现这样的情况，一般问题都出在公司的机制上，例如薪酬、福利、股权等机制。要想解决这个问题，管理者就要从设计薪酬、股权、福利机制等方面入手，这些内容在上文已进行了详细的分析，在此就不再赘述。

以上是我总结的企业招人时遇到的难点、痛点。如何解决这些难点、痛点，关键要对症下药，找出良方。良方是什么？良方就是本书第2部分将要介绍的如何招人。

❷ 不会开除员工

不会开除员工，会诱发企业出现许多问题，是企业真正的"恶"。

从前一些因素阻碍了大企业裁员，有许多企业很难招到人才，通常都处于被选择的一方，因此在裁员这一问题上总是处在被动地位。即使招到了不合适的人，也会将就使用，避免企业出现无人可用的情况。这是许多处于上升发展期的企业都会犯的错误。管理者应该明白：一个企业会因无人可用而走向末路，也会因为任用不合适的员工而丧失活力，逐步走向灭亡。

有消息称华为在2017年裁员两万人，连34岁以上的老员工也不例外，这给人一种"卸磨杀驴"的感觉。但实际上这消息并不准确，华为裁掉的那一部分老员工，很多都拥有股权，被裁了也没有后顾之忧。而且被裁的员工在早期通过不断努力获得了高薪，在走向富裕之路的同时，也丢失了进取心与奋斗心。这为华为的发展带来了负面影响，不利于华为进一步开拓市场，这时华为就需要通过裁员来获得更广阔的发展空间。

没有被裁的员工中依旧有超过34岁的老员工，因为他们没有因长期工作磨掉对工作的热情，依旧能够勇敢地为华为扩展市场而冲锋陷阵。华为将那些没有进取心的员工裁掉，可以在一定程度上激励这些饱含激情的员工，也可以及时地为企业换上新鲜血液，促进企业可持续发展。

华为裁员的行动符合阿里对裁员的看法，心善刀快，请不合适的人离开。其他管理者要想让企业得到长久的发展，就要做到如此。在发现必须要开除的员工时，要"手起刀落"，不拖泥带水。

为什么心要善？比起第一时间发现他不合适让他离开，让他在这里留一两年，等他没有能力再去找工作时再开除，才是真正的"恶"。让他快一点离开，找到适合他的岗位，这就是善。

虽然解雇员工对每个企业来说都是艰难而有压力的过程，但如果这个人不合适，一定要马上开除。关于如何"开人"的实操方法，我将在后面的章节具体分享。

❸ 团队各自为战,人心涣散

团队各自为战,人心涣散,在面临困境时,很可能会出现"大难临头各自飞"的情况。出现这样问题的原因主要有两点:一是因为管理者没有在团队内部统一思想,员工没有适应企业的价值观与文化,不能真正地融入企业;二是因为奖励力度、薪酬分红、福利待遇与员工的预期要求还相差很远。简单来说,就是没有满足员工的物质与心理需求。

正所谓"上下同欲者胜",管理者要解决这样的问题,就必须制定团队的共同目标,让员工的目标与企业的目标方向达成一致,让员工在企业未来的规划中看到自己的发展前景,这样才能让员工与团队命运相连,共同奋斗。其次,管理者应该通过奖罚分明的机制去激励员工,在满足其物质需求的基础上满足员工的心理需求。例如,阿里近些年来光奖励员工的资金就高达800亿元,逢年过节还会送小礼品、发祝福。最后,还需要管理者以身作则,为团队成员提供一个好的行为模范,这样才能上行下效,团队上下一条心。

通过这些方法建立起来的团队不仅是利益共同体,更是事业共同体与命运共同体,只有这样的团队才经得起时间与困难的考验。

❹ 不以结果为导向

许多团队在奋斗的过程中,花费了大量的资源与精力,却因为战略、方法、人才管理等方面出现问题而与成功失之交臂。最终努力只感动了自己,却没有提升业绩或者达到目标。这就需要管理者以结果为导向,建立与完善相关的绩效管理机制,从而促进团队成员不断地发现自身的问题并加以改进,实现自我进阶。

绩效管理理论中的基本概念之一就是结果导向，即以结果为最大的评判标准。例如阿里就实行了"271"绩效审核方式，奖励那20%绩效完美、能力超群的员工；鼓励那70%兢兢业业、绩效合格的员工，并帮助他们分析工作中存在的问题，提出改进意见；对于那10%的绩效不合格、价值观不匹配的员工，若在进行培训与转岗后仍然不能进步，则会淘汰。

这样以业务结果为导向的绩效管理与奖励机制，能够最大程度激励员工，唤醒员工对"赢"的渴望。

运用"管理三板斧"解决难题

"管理三板斧"三大功效：助力企业解决管理难点、支撑管理者做好团队建设、提高管理者的自身素养。

总结以上企业管理的难点、痛点，其根本在于人、事、团队三个维度。而阿里"管理三板斧"作为一种结构思维和管理者的培养方法，能从这几个方面帮助企业提升和改善。

业务（事）、人才（人）、团队（组织）是维持一个团队、组织正常且良好运行的三个重要因素，这也是阿里创建"管理三板斧"的重要基础，是运行"管理三板斧"的三个视角。这三个因素形成了三条线，并贯穿于"管理三板斧"的运行过程中。

❶ 企业主线——全面渗透文化，助力企业解决管理难点

许多管理者都苦于不知如何传递企业的价值观与文化，有将文化渗透到日常管理行动中的决心，却找不到合适的方法与场景，只能干着急。

而阿里的"管理三板斧"为管理者提供了有效的方法与具体的场景。在这个场景中，管理者能够确定需要解决的业务问题，能够看到员工的工作状态,能够看到各级员工的目标完成情况等。这样可以帮助管理者制定目标战略、实现有效的绩效管理,并促进团队之间的交流与协作,加强管理者与管理者、管理者与员工对业务与文化的探讨,从而将企业的价值观与文化落到实处。在这一过程中,高层管理者可以直接让员工明确自己在传递企业文化方面的要求,并通过批评与鼓励不断地推动企业价值观与文化向下传递。

❷ 业务明线——解决实际问题,支撑管理者做好团队建设

业务明线以"目标、战略"为关键点,始终贯穿着"管理三板斧"。管理者通过探讨,使企业上下在战略、文化等方面达成共识,形成了阿里的"头部三板斧";管理者就战略目标、文化传递、人才培养等问题,进行讨论并给出改进意见,形成了"腰部三板斧";"腿部三板斧"是管理者根据企业的实情,来制定目标、设计激励与辅导机制,最终实现阶段性战略目标。这"管理三板斧"其实都在为达成业务目标、战略目标而服务。

通过阿里"管理三板斧",管理者能够找出团队出现的具体问题,并切实地做好"招开人、建团队和拿结果"。可以在短时间内提高员工的各项能力,促进绩效的提升。这是阿里"管理三板斧"的巨大魅力所在。

❸ 人才暗线——实战培养管理者,提高管理者自身素养

许多大企业(比如阿里、华为)都设有人才后备军机制,并且更倾向于通过实战培养人才。这些企业的管理者都会"以客户为中心,以结果为导向"去培养人才,并对员工提出具体的要求。

阿里"管理三板斧"会通过真实的业务场景培养员工的实战能力。在这个过程中,管理者和学员可以一起为了一个目标而奋斗,

管理者不仅提高了自己的管理能力，修炼了自己的领导力，还能带动员工一起成长。

阿里"管理三板斧"能够帮助管理者或企业快速解决企业的管理难题和痛点，使管理者的管理能力至少上三个台阶，从而打造出一支"良将如云、弓马殷实"的"铁血团队"。

管理者练习 / 你的团队是否有招开人、建团队、拿结果的管理难题？

第 2 章

激活组织,赋能于人——"管理三板斧"的底层逻辑

在你成为领导之前,成功只同自己的成长有关;当你成为领导以后,成功都同别人的成长有关。这就是赋能。

2.1 一个管理者的首要任务是赋能于人

在给企业做培训的过程中,我经常能听到企业家或管理者抱怨:

为什么"90后""00后"这么难管?

为什么提高了工资也没能留住员工?

为什么这么高的工资还是招不到合适的人?

……

面对这样的抱怨,我只能说,这是时代发展的必然结果。在UVCA(易变性、不确定性、复杂性、模糊性)时代,传统的管理方式已经不再适用,赋能是这个时代的关键词,只有关注人的成长,成为价值型组织,才能在变化中生存下去。

如今很多年轻人,在企业工作一段时间后,挣足了旅游的钱,便会辞职旅行,等钱花完了再找一份工作。根据网上某项统计,企业员工的平均在岗时间正在逐年下降。图2-1为各个年龄阶段的平均在岗时间占比。

10年前,在一家企业工作一辈子几乎是每一位员工的理想,但在现在可能会被当作笑话。这样的形势给企业家和管理者带来了很大的挑战。如何吸引年轻员工,用好并留住优秀人才,是每个管理者都在思考的问题。

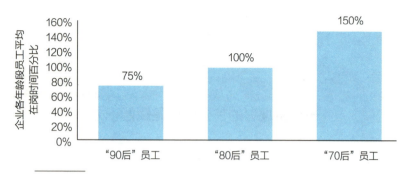

图2-1 企业三个主要年龄段员工

其实早在2008年,阿里第一次提出新商业文明的时候,曾鸣(原阿里执行副总裁)就已经意识到了这一问题。当时的阿里虽然在试图建设互联网的新商业模式,但阿里的组织管理却是工业时代最传统的管理方式。

思索良久,曾鸣提出了一个概念:

"未来组织最重要的原则已经越来越清楚,那就是赋能而不再是管理或者激励。"

由此,阿里的管理方式开始转变,后来当"管理三板斧"被提出后,其核心和底层逻辑也是"赋能于人"。

刚开始,曾鸣在讲赋能时,更多的是从管理学组织的角度去解释赋能,意思是怎样让员工有更大的能力,去完成他们想要完成的事情。他所指的赋能的赋予者是组织。

时代在变,组织在变,人也在变。几年后,阿里再谈赋能时,已经不再局限于组织,赋能的赋予者更多地向管理者转变。**作为管理者,首要任务就是"赋能于人"。**

有句话说得好,如果你的企业只需要"一双手",为什么要用"一个人"呢?反过来说,既然你招到了人才,就不该让他仅用"一双手"来接收指令,应激发出他的自我价值不断提升组织效能。

基于这样的理解,我把赋能定义为:管理者如何引导员工更好地发挥自己的价值(喜欢与热爱工作、自我价值的感知)。

也就是说,管理者需要通过采取一些方式、方法让员工喜欢并热爱这份工作,并且实现对自我价值的感知。

那么,一个管理者如何持续地赋能于员工呢?

这个话题很大,我们首先要从人性出发,知道员工的需求到底是什么?如果一个管理者连员工的需求都不了解,那就别谈"赋能"了。作为管理者,你要知道在公司工作一年的员工需要什么,工作三年的员工需要什么,工作5～10年的员工需要什么……这些是管理者需要弄清楚的事。

知道员工之所需,才能真正地扣动其心灵扳机。那么,一个员工的真正需求到底是什么呢?

事实上,一个员工的需求对应的是他成长历程的心理路径。这一点,我们可以参考马斯洛需求层次理论(见图2-2)。

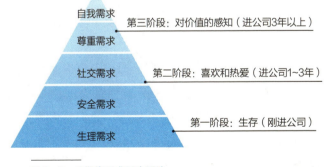

图2-2 马斯洛需求层次理论

根据马斯洛需求层次理论,每个员工在不同的层级上产生的需求是不一样的,而不同层次的需求是由低到高的,只有当最低需求(比如生存)得到满足之后,才会产生更高层次的需求(比如成就、价值)。因此，**对于员工每一阶段的需求要采取不同的赋能方式，才能更好地达成期望的目标。**

如今，管理者要允许员工走完这一段心理路径或需求路径。

第一阶段： 生存

不管是"70后""80后"，还是"90后"，刚进入企业时的需求都是生存。只是，由于"90后"的成长环境较好，生活条件一般较优越，他们对于生存的需求会小于"80后"或"70后"。用一个网上流行的说法形容，"90后"是"小康1.0"，而"80后"是"吃饱1.0"。

2006年我加入阿里时，最初的需求也是得到一份能够养活自己的工作。当时一个月的工资是1 500元，这在2006年的天津属于中等偏上的工资水平，但当时我们去拜访客户要包车（如果不包车，就不能完成销售目标），包车一次的费用是150元，一个月1 500元的工资没几天就用完了，再加上还要面对客户各式各样地拒绝。所以，对于刚进阿里的我来说，工作状态就处于第一阶段。

我清晰地记得2006年阿里开年会时，高层管理者在会场跟我们说："在场的所有人，五年之后你们都会成为百万富翁。"当时的这番话，我认为他们是在"忽悠"我们。因为按照我当时月收入1 500元的标准来说，100万元对于我来说是一个遥不可及的数字。

那么，阿里是如何赋能新进员工的呢？

对于新进员工，阿里会进行大量的培训，从入职时的"百年"系列课程，到专业岗位培训，比如运营大学、产品大学、技术大学和罗汉堂等。

阿里体系化的培训机制对于新员工的成长非常有效。以我个人来说,在进入阿里的第二年,也就是2007年,不仅我的工资翻了十几倍,解决了最基本的生存需求。最重要的是,在这个过程中,我的工作心态也发生了变化。这时,我的工作状态进入了第二阶段——喜欢与热爱。

第二阶段: 喜欢与热爱

当员工付出极大的努力,并且得到收获的时候,他会发现自己对工作的感觉变成了喜欢与热爱。

什么是"喜欢与热爱"呢?在阿里的管理者会议里,我们经常会分享这样一个故事:

某位记者去采访一位马拉松运动员,他问马拉松运动员:"你是如何坚持跑完这40多公里的?"

运动员跟记者说:"你为什么要用'坚持'这个词?跑步是我所热爱的运动项目。"

作为管理者,**我们一定要先让员工挣到钱,解决生存的需求,然后在挣钱的过程中,让员工找到喜欢与热爱的事情,这是赋能员工的关键所在。**

那么,进入第二阶段后,管理者要如何赋能员工呢?阿里又是靠什么去持续地赋能和激发员工对工作的喜欢和热爱呢?

阿里的办法是用好奖励和激励。那么,管理该如何用呢?

以我自己为例,2008年,我成了一名管理者。我带着团队为北方地区的产品出口打开了销售渠道。在这个过程中,整个团队收获了客户的好评,有的客户会说:"感谢你们帮我们把外贸做起来了。"这时,整个团队成员因为这些价值和成就,以及客户的表扬和反馈，变得喜欢与热爱这项工作。工作不再痛苦，对于工作中的加班也不再排斥。

我在阿里带团队的时候，会大量使用这样的激励方式。比如，每个季度，我会带着团队伙伴和明星客户座谈，其目的是为了让员工亲耳听到客户对阿里的肯定及对我们团队的反馈。这时，你会发现，客户的肯定和反馈比给员工发奖金激励还有效。

阿里在这方面是绝顶高手。淘宝每年年会都会邀请一些客户（残疾人）上台为大家分享。当这些人站在台上，激动地跟所有人说"淘宝改变了我的生活和命运"时，你可以想象一下，台下的淘宝工作人员是不是听得热血沸腾？

管理者要赋能员工，让员工喜欢与热爱这份工作，**一定要给予由内而外的奖励和由外而内的激励。"由外而内"包括奖金、期权、股票和晋升机会，这些属于奖励的范畴；"由内而外"包括成就、责任、价值和荣誉，这些属于激励的范畴。**

对于新一代的年轻员工，特别是"90后"员工，赋能已经不再是简单地让员工挣到钱，而是让员工挣到钱之后，喜欢与热爱这份工作，并把这份工作做到极致。**赋能就是赋予员工感知价值、实现价值的能力。**

第三阶段：对价值的感知

经过了第二阶段后，员工的需求转变成对自我实现的追求，也就是对自我价值的感知。

让我感到遗憾的是，如今还有很多管理者采取的是管控和驾驭的方式，这是错误的管理方式。管理者应该不断激发员工对于成就、责任、价值的感知，让员工实现自我管理。换句话说，也就是现在企业应该给员工发三份薪水（见图2-3）：

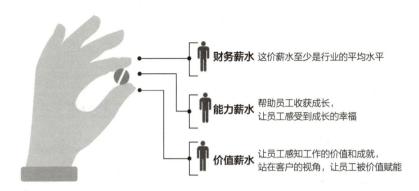

图2-3　企业应该给员工发的三份薪水

以上就是员工需求的三个阶段,也是阿里向员工赋能的整个过程。事实上,每个员工的心里都会有一团激情工作的火焰,管理者要懂得用价值成就赋能员工,点燃员工心里的那团烈火。而这个过程**不只是简单的"带人",而是要以事驱人,以事育人,以事成人。**

管理者一定要记住:如今的管理不再是管控。因为现在的"90后""00后"不缺钱,他们需要的是价值。

管理者练习　拿出笔,写下自己的使命、愿意、价值观。

这一生,我想成为一个(　　　)的人

- 使命
- 愿景
- 价值观

2.2 让团队每一位伙伴相信"相信"的力量

一提到阿里,大部分人的第一反应就是:这是一家使命愿景驱动的公司。的确如此,阿里是价值观至上的公司,公司所有的策略、战略都是基于价值观产生的。十几年来,阿里人最常说的一句话就是:相信"相信"的力量。这是阿里价值观的核心内容之一。

阿里的创业历程就是对这句话最好的验证。阿里创立之初,所有人都不相信网络上没见过面的两个人可以放心交易,但阿里的合伙人相信,正是这种相信支撑他们一路前行,于是有了阿里巴巴、淘宝、支付宝等平台。

记得2013年年底,阿里在杭州的年会主题是"我们的征程是星辰大海"。如今我们一说到三星,就会想到韩国;一说到苹果,就会想到美国;一说到丰田,就会想到日本。2013年,阿里想要成为这样的公司,一说到阿里巴巴,就会想到中国。当然,如今阿里确实做到了。现在全世界一说到阿里巴巴,都会想到中国;一说到华为,也会想到中国。

在相信的过程中一群人共同"看见",如同阿里一直在强调的——**"一个人的梦想是梦想,一群人的梦想是一个时代"**。

相信"相信"的力量在生活中的许多地方都可以得到验证。比如,你相信你能把一件事做好,在做这件事的过程中,你一直鼓励自己,加倍努力,结果真的如你所想,你把这件事做好了。这就是相信"相信"的力量。

当然,"相信"说起来谁都能懂,但要实际做到却不容易,阿里经过十几年的发展才有如今的成就。那么,阿里如何让员工相信"相信"的力量呢?

管理者要想做到让员工相信"相信"的力量,其实是有一个清晰路径的,这个路径有三个关键点:自信、信他、相信(见图2-4)。

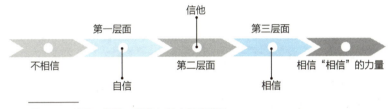

图2-4 让员工相信"相信"的力量的路径

第一个层面:自信

法国著名思想家罗曼·罗兰曾说过:"先相信自己,然后别人才会相信你。"一个人如果连自己都不相信,那他怎么可能相信别人,更别提相信公司的使命、愿景、价值观了。**人不自信谁人信之**。所以,让团队的成员有足够的自信,是一个管理者最基本的义务和责任。

让员工自信有两个必要条件:一是专业,二是挣到钱。两者缺一不可。

如今,一个新员工加入团队,管理者是否有新员工的成长计划,能不能确保新员工三个月在公司立足、六个月挣到钱,这些都是需要管理者"扎马步"(意思是下硬功夫做的事)的功夫,是对管理者的极大考验。阿里巴巴有一句话叫:"如果你不自信,请你假装自信。"

第二个层面：信他

有一句话说得好："自信者信他，信他者自强。"意思是说，自信的人相信他人，相信他人的人往往自己也是强大的。管理者能不能让团队成员之间彼此信任、敢于交出"后背"？在这个层面上，需要管理者实实在在地为员工的"信他"创造土壤。

创业以来，我到访过很多企业，也见过很多团队，有些团队最多算"团伙"。团队是一群有情有义的人做一件有意义、有价值的事，是一群有共同目标的人达成共同的目标。要做到这一点，管理者要知人心、懂人性，走进员工的内心。

第三个层面：相信

只有做好"自信""信他"两个层面的事，才能实现第三个层面——"相信"，让员工相信梦想、相信使命、相信愿景、相信"相信"的力量。"相信"是怎么来的呢？"相信"来源于以下三种途径：

一是管理者的相信。作为管理者，你的"相信"至关重要。如果连你自己都不信，一定会在行为和语言上表现出来，很容易被人识破。以自己的不信来让别人相信，这就叫"忽悠"。

二是管理者要不断地描绘未来的愿景。管理者要通过不断地向员工描绘未来的画面，让那些"诗和远方"变得可以想象。比如，管理者可以通过讲故事的方式不断地重复表达，故事是有灵魂的证据。在这方面，阿里做得非常到位。几乎在阿里的每一次年会上，高层管理者都会通过讲一个个故事来向我们描绘愿景。

三是管理者要懂得为阶段性的胜利庆祝。虽然车灯只照200

米,但到了200米的地方又可以看到下一个200米。所以当我们达成一个目标后,要停下来庆祝阶段性的胜利,同时再一次带领大家看向更远的地方。一次次地回顾,一次次地庆祝,一次次地看向远方,团队的心力将不断被强化,慢慢从自信、信他,到相信"相信"的力量。管理者需要懂得去庆祝,即使一些小事也要庆祝。在庆祝的过程中,你的团队才会从胜利走向胜利,不断地增强心力。慢慢地,你会发现这种"相信"将会成为团队的基因和信仰。稻盛和夫曾经说过:"只有你相信了,你才能突破障碍。"

我经常把我的感谢及客户对我们的反馈,或以邮件的方式,或以短信的方式发给团队成员看,让他们逐渐自信。图2-5就是我在阿里带团队时发给团队成员的感想。

2010年以前,阿里的高层说什么我都不信,认为这些话都是"忽悠",因为那时我的需求只停留在生存上。2010年以后,当我喜欢并热爱这份工作以后,我开始相信在阿里听到的每一个字,相信阿里的每一句话。因为一件件事情一步一步地达成,让我相信

图2-5 我带团队时分享给团队成员看的感想

"相信"的力量。

从自信到信他,再到相信,这就是管理者让员工相信"相信"的力量路径。当然,要走完这一路径,能够让一群人相信一个梦想,是很难的。所以这不单单靠说,关键还要去做。这就涉及"术"的问题了。做好管理,道和术同样重要,阿里认为:有道无术尚可求,有术无道止于术。

管理者练习 / 思考一下:你是一个自信的管理者吗?你是否相信你的团队?你是否相信你所在企业的愿景?

2.3 一个合格的管理者应该有的四大品质

管理者，也就是我们说的"Leader"，在通常情况下可以理解为：在某一组织中，通过地位、能力与知识，能够实质性地影响该组织经营及达成成果，并对该组织有贡献责任的人。

阿里将这一概念具象化，用更加通俗的语言去阐述管理者的涵义："**要在别人看到问题的时候看到希望，要在别人充满希望的时候看到问题。**"要想更好地理解这句话，我们需要去了解他说这句话的大、小背景。

那是在2014年，大量微商借助微信朋友圈，以迅雷不及掩耳之势"在电商行业迅速站稳了脚跟，并占据了一定的市场份额。微商的迅速崛起分走了天猫、淘宝的部分流量，给业务带来了较大的冲击。此为大背景。

小背景是发生在阿里巴巴内部的"风清扬二期"课堂上的一个小插曲。当时，"逍遥子"问各位学员有没有关于淘宝的建议。有一位学员立刻站了出来，直接用一长段带有批判意思的话，引出了"再不改，天猫、淘宝马上就要关门了"的结论。

阿里高层听了之后虽然很生气，但并没有否认这些问题的存在，而是告诉所有学员："作为管理者，就是'要在别人看到问题的时候看到希望，要在别人充满希望的时候看到问题'。管理者在提出问题时，要带着可以解决问题的方法和心态去说，否则大家都说有问题,还要你干什么!"

一位合格的管理者向别人提出问题的时候,会带着可以解决问题的方法和心态去说,会引导员工去解决问题。也就是说,**管理者既要能看到问题又要能解决问题。**

除了看到问题和解决问题以外,阿里认为一个合格的管理者还应该具备三种品质,即有理想、充满正能量和有担当(见图2–6)。

图2–6 合格的管理者应具备的四大品质

有理想

阿里在刚开始做电商时,只定了一个对的方向,而支持阿里跟着这个方向继续走下去的动力就是理想,这也是支撑阿里巴巴发展到如今规模的动力。

1999年,18个合伙人在杭州创建了阿里巴巴,他们立志要将阿里巴巴网站做成"世界十大网站之一"。虽然当时阿里巴巴刚起步,其网站都不能入围世界网站排名的前十万名。但他们依旧坚持这一理想,并提出至少要让阿里巴巴活八十年,因为他们认为"人生就活八十年,活老了不好意思,活少了又不够本,八十年正好,刚好是一个轮回"。

20年前，有多少人相信电子商务？2003年淘宝创立，有多少人能预料到它如今的发展情形，能预测到它对中国的巨大影响？2004年支付宝建立，有谁会相信小微金服能对中国金融产生如此大的影响？

我相信，正是因为阿里能用长远的眼光去看待理想，才能前瞻性地发现这些发展趋势，从而获得成功。对于这些成功，高层曾说："我们有很多运气的成分在。但不管是运气、努力还是勤奋，有一样东西支撑着我们，这个东西很重要，就是理想主义。"也正是对理想的坚持才让阿里巴巴成为"世界十大网站之一"，并让大家相信"活八十年"不是空想。

阿里在2002年确定的"让天下没有难做的生意"的使命，也曾遭遇过质疑，被人认为是空想。但阿里将理想现实主义化，用十几年的实践成果消除了这些质疑声，并将"虚"的企业使命与价值观落实在每一次的行动中，给人们的生活带来巨大影响。正如阿里高层所言："世界上看得到的东西都不可怕，能预测的东西都不可怕，最可怕的是看不到。虚的和实的相比，虚的比实的更可怕，虚的做实了才是最可怕的。"

那么，管理者如何才能将理想现实主义化呢？

将理想现实主义化就是"化虚为实"，以现实为据点，一步一个脚印打下基础，然后实现长远的理想。

阿里认为：淘宝不是做零售，是获得数据；支付宝不是做金融，是建立信用，信用需要数据；菜鸟网络不是做快递，是做快递支持，用数据去支持。未来世界最珍贵的是数据。阿里一直强调数据的重要性，是因为数据就是现实据点，是实现长远理想的基石。

有了实现理想的基石，还需要实现理想的工具，即云计算和大数据。通过云计算和大数据，阿里为社会创造了巨大的价值，为理想的实现打下了基础。现如今，阿里的云计算可以从天猫、淘宝、小微、菜鸟等平台获得数据支持，这些正推动着阿里从 IT 时代进入 DT 时代，这是阿里实现理想的时代背景。

DT 是 Data Technology 的英文缩写，是指数据处理技术。阿里认为 IT 是让自身更强大，而 DT 是让别人更强大，这是 DT 时代和 IT 时代的本质区别。

阿里试图通过 DT 创建一个巨大的经济体，在这个经济体里，一切以数据为驱动，一切以信用为基础，人们诚信经营，不断地创造出新的经济方式，帮助企业激活传统经济，让虚拟世界变得更美好。阿里认为可以通过云计算和大数据赋予"高智商"的电脑"情商"，从而让这个以数据为基点的经济体实现"情商和智商高度结合"。

如今，阿里在"数据"这一现实据点上，描绘的一个有关经济体的理想不仅是阿里巴巴集团的理想，更是社会理想。这个理想是在 DT 时代的背景下，以数据为现实据点，通过云计算创建一个完整的经济体。除了这些条件外，阿里还为这个理想提供了两个方向——健康和快乐。只有具备了这些条件，才能顺利地实现理想。

健康问题是目前中国人面临的重大问题之一。雾霾、水污染、垃圾食品等都有可能带来各种各样的疾病，危害人们的身体健康。随着医疗技术水平的发展，这些疾病问题有可能被解决。而阿里"拥有最好的技术，拥有无数消费者的生活数据"，可以为医学研究提供数据支持。

正如阿里人相信的：We can make the difference，这是我们的理想主义色彩，这是我们期待做的。为中国的健康事业出一份力，不仅是企业的理想，更承担起了一份社会责任。这是每一位管理者应有的思想觉悟。

人们面临的健康问题，不仅有身体健康问题，还有心理健康问题。而快乐可以说是影响心理健康的一个因素。特别是在如今这样一个"娱乐至上"的时代，快乐成为人人追求的目标。阿里认为寓教于乐是确保人们思想健康的最佳方法。换句话说就是"通过电影、电视、互联网演义娱乐化的教育"，让人们获得快乐。

阿里也将"快乐"融入了集团的理想与文化之中，即"Live At Alibaba"，并对此做出了更为详细的阐述："阿里巴巴十周年之前是'Meet At Alibaba'，阿里生态逐渐形成的过程是'Work At Alibaba'，而'Live At Alibaba'有两条路线，一条是身体健康，一条便是思想健康、思想快乐。"

一个合格的管理者，不仅有理想，还能为理想的实现提供现实据点、方法和方向。

充满正能量

"乐观积极地看待今天和明天，对昨天感恩，对明天充满敬畏和期待"是阿里对"正能量"的理解。而充满正能量也是一个合格的阿里管理者要具备的品质。

对于正能量，阿里有一个十分有趣的说法，将"正能量"比作"漂亮的荷花"，将"负能量"比作"淤泥"，从负能量中提炼出正能量就是以这些肮脏的、臭的、埋在地下的东西为肥料，使上面的荷花生长得更为漂亮与独特。所谓出淤泥而不染，大概就是如此。

没有人是十全十美的，每个人或多或少都会被负面的情绪与评价影响。阿里希望每个员工也能做到如此，希望公司里的每一个人都能将来自社会上的负能量变成营养，变成对公司未来十年的期待与想法，这不仅是挑战，也是机会。当然阿里提倡的正能量并不是要在道德上摆出高人一等的姿态，也并不倡导自己成为道德中的模范，因为阿里的每个人都是平凡的人，也因为是平凡的人，所以才更需要正能量。

理想是让阿里能走到今天的外在驱动力，而正能量是内在驱动力。那么正能量是如何体现出来的呢？下面是阿里内部关于正能量的一个例子，也许从中你可以得到答案。

以前，吃饭讲究排场，除了选最好的饭店，吃最贵的菜之外，还需要在吃饭前讨论"主位、右首"等座位的归属问题，在吃饭后争抢付钱的资格。许多外国人觉得这样的用餐流程太过复杂，他们更习惯"AA制"，分摊交钱。但当时许多人都认为，一百多元钱还要大家分摊的行为实在是太小气了。

阿里认为"AA制"是正能量的体现。因为"AA制"传递出了"平等""公平""独立"的理念，脱离了社会人情的束缚，是一种更有效率、更经济的交际方式。

除了"AA制"，管理者解决问题的方式、心态也可以体现正能量。当工作出现问题时，管理者不会去指责抱怨，而是先"安定军心"，与员工们一起去解决问题。当员工达成成就沾沾自喜时，管理者会冷静下来，寻找被忽视的问题。这都体现着正能量。

管理者通过一个个很小、很细微的习惯，向每一个员工传递正能量，为员工补充工作的内在驱动力，从而促使员工每天进步一点点，利用"量"的积累，达到"质"的突破，最终促进整个公司向更好的方向发展。

有担当

除了有理想、充满正能量，"为员工担当，为客户担当"也是一个合格的管理者必不可少的品质。

阿里在2013年进行"人才盘点"时，收到不少员工对组织部的投诉和抱怨，大多数内容都在说组织部处理事情不公平，而组织部成员大多是阿里等级较高的管理者。这让阿里萌生出了解散组织部的计划，因为员工的投诉在很大程度上反映了管理者、领导者没有为员工考虑。

聚沙成塔，阿里的每一个员工都是构成这个庞大集团的一粒沙，他们希望在阿里这个大家庭中学到更多的知识与道理，同阿里一起走向更美好的未来。而公司将员工交给管理者，不仅是在提供资源，更是在赋予责任。只有真正承担起员工与公司的期望，才能充分发挥管理者的作用，成为更好的管理者。

阿里的"轮岗"制度，能够很好地检验一个管理者是否有担当精神。轮岗是中高级管理者每隔一段时间会被调职或派遣到其他岗位。通过这种方式，让管理者学得更多、走得更远。高层经常检查那些在轮岗过程中只是"走过场"而无作为的管理者："你不批评他，不表扬他，连警告也没有，晋升机会也没有，你什么都不做，那么公司为什么要把这个年轻人交给你，你这样做是把他的前途毁了。"这样的管理者是不合格的，没有尽到自己的责任，没有为员工担当。

为员工担当，可以从小事入手。例如，当员工完成一个项目后，可以一起聚餐，也可以给他发一条短信，祝贺一下；当员工的工作出现问题时，适时地提点一下；为员工举办集体婚礼等。这样可以获得员工的信任，让他们从这些小事中感受到管理者的真心，从而使员工有更好的工作体验与更强的进取心。

为员工提供更加好的待遇与工作环境能够让员工更好地完成工作任务。例如阿里客服人员，每天都面临着许多客户的抱怨与不满,堆积着负能量。公司会给他们提供更好的工作工具,并给他们多发奖金,这也是为员工担当的一种方式。客服人员会因为管理者的担当,有更好的工作心态,在与客户的交流过程中会更加亲切礼貌,为客户提供更优质的服务。而将客户摆在第一位,并为其提供优质的服务,就是在为客户担当。

"理想""正能量"和"担当"是阿里管理者考核体系里的三个重要指标。阿里根据这三个指标对管理者提出了建议:"富了以后,很多人会失去理想,陷入迷茫中,当社会上都是负能量的时候,如果你有担当精神和正能量,很快就会得出积极的成果。"

管理者练习

问自己三个问题:
- 为什么要做管理?
- 你想成为什么样的管理者?
- 你想要付出怎样的努力?

2.4 做好一个管理者须坚守的五条"管理之道"

在阿里,每一个刚晋升的管理者,都要接受"管理之道"的培训。

这套课程是以湖畔学院为主打造的管理者培训体系,会在湖畔学院对中、高层管理者进行培训,而基层管理者则由各个事业部来培训。在对基层管理者的培训内容上,阿里希望加入些儒家思想。阿里认为:"基层管理者要带好团队,不断地做好事,一层一层往上走。要有积极和赢的心态,还要将其灌输给团队。"作为一个团队的管理者,要在实践中做好示范,要给员工树立一个好榜样。

在阿里做管理者挺难的,挑战很大,成长很快,但要求也高。要成为一个好的管理者,必须坚守五条"管理之道"。

第一条:知人善用

"知人善用"对于管理者来说,是一个老生常谈的话题,但却是一个亘古不变的真理。管理者要做到"知人善用",有三个管理法则适用于任何企业的管理者。

一是去了解你的员工,做到"知人"。

做管理,从某种意义上来说,其实和做销售一样。销售要想做得好,必须先去了解自己的目标客户。做管理也是同样的道理,要想管理好员工,你首先需要去了解自己的员工。

有的管理者的管理思维是"线条性思维",认为自己只需要安排好工作就行了,至于员工心里怎么想、他是一个什么样性格的人、家里发生了什么事,根本没兴趣听,也不想知道。这是一种错误的管理思维。做管理要跟一群人打交道,然后带领这群人共同去完成一件事情。如果你对这群人都不感兴趣,何谈管理?

所以,作为管理者,要经常与团队的伙伴接触,了解每个伙伴的优点、性格、兴趣等。只有足够了解员工,才能做到"知人"。在这个过程中,管理者需要注意的是,人的个性和才能有显性和隐性之分,有时不容易显现出来,所以管理者需要通过各种方式进行观察、评估。比如,有的员工平常表现出来的个性是由环境造成或刻意包装的。这时,管理者要通过旁敲侧击与审慎地观察,了解员工最真实的情况,把他放在最合适的位置。这就是"知人"。

二是用人之长,补事之短。

英国管理学家德尼摩提出了"德尼摩定律",说的是"凡事都应有一个可安置的所在,一切都应在它该在的地方"。这一定律适用于管理者。

管理者在带团队的过程中,要用人之长,补事之短。关于这一点,我的同事曾给我上了深刻的一课。

那是一次做团队交接的时候,我在给他介绍团队的伙伴时,当说到这个员工有什么优势和劣势时,这位同事跟我说,你只需要告诉这个员工的优势就行了,不用跟我说他的劣势。因为你跟我说了他的劣势之后,我会戴着有色眼镜看人。这是挺让我触动的一件事,也带给我很深的管理体悟。

作为管理者,尤其是基层管理者,要发挥员工的优势,弥补他的劣势,这样才能做到用人之长,补事之短。

第二条:使其青出于蓝

什么叫"使其青出于蓝"?也就是超越伯乐。伯乐是发现人才的,作为管理者,我们要超越伯乐,不仅要发现人才,还要成就人才。

我在阿里做了近十年的管理工作,最大的感触可总结为两个短语:拿结果和培养人。首先要不断地定目标、追过程、拿结果,然后全力以赴地培养人。在从员工到管理者的转型中,很容易出现的问题是他根本不懂得培养人,不仅不懂得培养人,而且有时还会阻碍员工的成长。

比如,我在刚做管理者的时候,因为不懂得培养人,在不到两个月的时间里,团队里的七八个人基本上全成了我的助手。他们遇到好客户,第一个想法不是如何去签下客户,而是先给我打电话问:"老大,下周三有时间吗?我这边遇到了一个客户,你去一定能签下来。"结果这个客户跟到最后才发现根本就不是我们的目标客户,也签不下来。究其根本,是因为刚开始从"明星员工"转型做管理者,有很强的表现欲,太看重结果。当团队伙伴遇到业务上的困难时,恨不得自己亲自上场,跟客户沟通签下订单,不给员工犯错和成长的机会。

作为管理者,要包容员工,允许员工犯错。事实上,管理者本就是在不断地犯错中成长起来的。但当我们成为管理者,却不允许员工犯错,这就是最大的问题。朋友圈里有人说:这个世界上最浪费时间的事,就是跟年轻人讲道理,因为只有犯错才能真正地成长起来。当然,需要提醒管理者的是:不能让员工犯承担不了的错误,只能让他犯能够驾驭和把控的错。如果这个错管理者弥补不了,那犯错的员工就会面临着被开除的可能。

说到这里,再强调一点,中国有一句老话是:"教会徒弟,饿死师傅"。这句话对于传统的管理起到了负面影响。作为管理者,只有在不断培育人的过程中,自己才能够获得成就,也就是成人达己。我们带团队,看似是在帮助团队伙伴成长成功,其实是在帮助我们自己成长,也叫成人达己。

第三条:执行有果

一切都要以结果为导向。阿里有一句"土话"是:没有过程的结果是垃圾,没有结果的过程是放屁。在华为也流传着这样一个故事:

一个副总裁跟任正非说:"有的人没有功劳还有苦劳",结果任正非直接开口训斥:"以后少说这种话,没有功劳哪来的苦劳,我没跟他要资源损失费就不错了。"

所以,作为管理者,我们也要传达给团队一个理念,那就是:只为结果买单。

第四条和第五条:身先士卒和正大光明

毋庸置疑,这两条是"管理之道"最基础的东西,是每一位管理者都应该谨记在心的。作为管理者,其身正,不令则行,其身不正,虽令不从。阿里一直推崇:在团队里有的东西即使是错的,也要让它长在阳光下,也要足够透明,这就是要做到正大光明。如今,试问作为管理者的我们,有谁敢说自己做到了身先士卒和正大光明?

这两条管理之道听起来容易,管理者都懂,但要做到却很困难。所以,"道"的层面是需要管理者持续不断地修炼的。

管理者练习：根据上面所说的五条"管理之道"，分析一下你是否是一位合格的管理者，有哪些地方需要改进？

PART 2

第 2 部分

"腿部三板斧"实操落地

第 3 章
招人,是一切战略的开始

第 4 章
招人四步曲:选择大于培养

第 5 章
开人:心要慈,刀要快

第 6 章
建团队:在用的过程中养人,在养的过程中用人

第 7 章
拿结果:目标就是结果,以结果为导向的努力才有意义

第 3 章

招人，是一切战略的开始

考核员工有两个标准：一个是业绩，一个是价值观。群策群力，教学相长；质量，激情，开发，创新。

3.1 一切的错误从招人开始

阿里经常会带领团队去考察其他国家的一流企业,并希望通过吸取他们的管理经验来推动阿里的发展。2009年,阿里高层卫哲等人去美国考察,每到一个公司考察,卫哲就会与这些公司的管理者聊有关"竞争对手"的话题。

当时微软的CEO史蒂夫·鲍尔默对这个话题十分感兴趣,和卫哲一行人谈论了近1小时,并向他们描述了微软公司是如何与索尼、Cisco、Oracle竞争并消灭他们的。他认为微软的竞争对手是拥有相同或相似产品的企业。他们对史蒂夫·鲍尔默的评价是"职业杀手",而卫哲却说在金庸小说里,没有一个职业杀手最终能成为顶尖高手。这是一段非常有预见性的对话,后来史蒂夫·鲍尔默下台了。

谷歌创始人拉里·佩奇对于"竞争对手"的看法与史蒂夫·鲍尔默不同。谷歌将美国宇航局和奥巴马政府视为最难缠的竞争对手。他说:"**谁跟我抢人,谁就是我的竞争对手。**"拉里·佩奇不怕脸书、苹果等公司抢他们的工程师,因为他们可以通过更好的工作、更多的股权留住这些优秀的工程师。但是他们却竞争不过美国宇航局。因为美国宇航局探索的目标是整个宇宙,甚至更大,在那里有许多更有趣的事情。尽管美国宇航局的工资只有谷歌的五分之一,但依旧能够吸引谷歌的人才去那里工作。

我之所以在介绍"招人"内容前,跟大家分享这个故事,是想告诉大家:人才的竞争对手往往比产品的竞争对手更加难缠。管理者一定要深刻思考究竟谁是你的人才竞争对手,毕竟人才的流失会为企业的发展带来巨大的影响。

阿里是一个特别重视人才的公司,但即使是这样一个重视人才的公司,在人才的招聘、管理方面也走过很多弯路。

卫哲是在2006年加入阿里的,他到公司后曾向人力资源部门了解工程师和销售人员的离职率是10%。

当时卫哲十分惊讶,因为流失率特别大的岗位就是销售人员和工程师,阿里能做到10%,实在是了不起!结果后来才知道10%是一个月的离职率。这就相当于一年一次大换血。

为了降低员工的流失率,人力资源部门制定了流失率指标,并将这个指标与各级HR、管理者的KPI考核挂钩。结果却差强人意,该留的一个都没留住。

为什么员工流失率这么高?原因只有一个:人力资源的源头(也就是招聘)出了问题。

企业招人时常犯的四大错误

企业在招人时,最容易犯以下四大错误:

一是抱着"能抓耗子就是好猫"的想法盲目招人。很多企业发现缺人了才开始招聘,碰到一个条件大致吻合的应聘者,就抱着"能抓耗子就是好猫"的想法将人招进来。对于需求岗位的特征、要求、职责,岗位需要什么样的人、基本素质、技能等方面没有任何标准,只是在盲目招人。

二是对"空降兵"有过高的、不合理的期望值。人才是公司扩大规模必不可少的条件,但培养一个人才需要花费大量的时间与精力。为了节省培养人才的成本,有不少企业会直接招聘"空降兵"。这里的"空降兵"是指从其他同类型企业跳槽过来的员工。

许多企业会因"空降兵"有丰富的工作经验,而对他们期望过高。甚至有些企业还将"空降兵"视为救星,希望他们在为企业带来业绩直线上升的同时,还能帮助企业实现规章制度等方面的改革,从而推动企业发展"更上一层楼"。

结果"空降兵"到任后,或因为"水土不服",或因为与企业文化不能匹配等,最终离开。

三是给职位招到人之后就停止招聘。很多企业给空缺的职位招到了人,就停止了招聘,完全不考虑新招的人是否能够稳定地工作?是否能够适应团队等问题。即使招到合适的人,招聘的进程也不能停下来,直到职位被招满了,并确保职位稳定后才能结束。所以,应该从"增强"团队的角度进行招聘,而不是急于填补人数的空缺,这样既浪费钱又浪费时间。

四是招错人后考虑各项成本便将就使用。有的管理者发现自己招聘失误,招错了人,但考虑到时间成本、精力成本、费用成本,还是硬着头皮用。这是管理者招人时犯的最大错误。

一般来说,对于新招进来的人,在 15~60 天之内,你就会发现他是否合适。一旦你发现招错了人,必须马上开除他。问题拖得越久,其破坏力就越严重。错的人会像病毒一样渗透你的团队,影响整个团队的士气和文化。

以上就是企业在招人时经常会犯的错误。无论什么时候请牢记:**招人时永远别着急,也别妥协。你是在给你的团队打基础,别为了短期的成功,而牺牲长期的价值。**

招错人的隐形成本，你有好好计算过吗？

关于企业招错人，我曾经在课堂上向管理者提过这样一个问题："如何让猪上树？"

有的管理者说"给猪美好的愿景，简称画饼"；有的管理者说"告诉它如果上不去，晚上摆全猪宴，简称绩效"；有的管理者说"帮猪减肥，让它达到基本标准"……

各种各样的答案都有，但这里面有两个问题是被所有管理者忽视的：

一是猪真的能上树吗？无论是在现实生活中，还是在小说杂志、电影电视中，好像都没见过"猪上树"。

二是要找个动物爬上树，为什么一定要是猪呢？为什么不能是猴子呢？

是不是一句惊醒梦中人？

一般来说，企业觉得招错人只会浪费几个月的时间与金钱。实则不然，当企业发现招错人后，不得不再次进行招聘，这样会加速公司人事流转速度，为企业带来浮躁的工作氛围，给原有的工作团队带来负面影响，使企业文化变味。如果企业将错就错，抱着将就的态度，继续把这些招错的人留在公司，可能会引发更多的问题。例如会使人际关系变得复杂，影响企业的目标达成效率，在关键时刻可能会给公司造成较大的财务损失。下面是我列举的几个招错人带来的损失（见图3-1）。

我们曾经核算过：招错了人，企业会付出与工资相比15倍的代价！意思是：假设这个人的年薪是10万元，那企业为此付出的代价将是150万元（见图3-2）！

图 3-1 企业招错人带来的损失

图 3-2 招错人的成本

所以,如果招到"错的人",不管是留任还是不留任,企业要负担的显性招聘成本和隐性招聘成本都是巨大的。一切的错误都是从招人开始的。

现在,请管理者认真思考一下:一个企业的种种问题,比如业务水平低下、员工的流失率高、员工成才率低等,是不是源头都出在招聘上?人招错了一切都无从谈起。

阿里的招聘理念： 招聘是一切战略的开始

既然一切的错误从招人开始,那么管理者要如何避免犯错呢?

所谓"认知决定行动,行动决定结果",不同的企业对招聘理念的理解不同,其做法也就不同。企业为什么会招错人,不知道如何招人,究其根本都是招聘理念出了问题。

阿里的招聘理念是:**招聘是一切战略的开始**。企业成败的关键,取决于一开始是否用对人。员工的招聘是个系统性的工作,一定要站在战略的高度。

对于阿里的招聘理念,要从两个层面去理解:

❶ 谨慎待之

阿里重视招聘如同重视战略一样,要谨慎再谨慎。无论招人多么急迫,都要明确一点:**缺少人不会让公司出问题,而招错人会让公司和团队都陷入被动的局面。**

在阿里,从集团高层到各个事业部的高管,再到基层管理者,对于招聘都很重视。阿里在2018年的内部讲话时说道:**"招聘是公司之大事,决定公司的生死存亡之大事**。会招人的管理者才是真正的管理者。"

这话应为企业敲响了警钟,在招人时,管理者要清楚地知道:我们要什么"味道"的人?我们请什么样的人进来?请哪些不适合的人离开?总之,企业不能因为业务缺少人而迅速招人。

很多企业的问题究其源头,从招人开始就错了。在这一点上,企业应该学习阿里的招聘理念,在阿里,一个管理者至少要花30%的时间和精力在招人这件事上。管理者不是要找更多的人,而是要从无数人中找到真正对的人。

在这里,我教给大家一个招人的基本方法——招人时,问自己一个问题:

他比当年的你聪明能干吗?

几年后他会超越你吗?

你的答案如果是否定的,那么你可以毫不犹豫地拒绝。

❷ 提前布局

"招聘是一切战略的开始"的第二个层面是:提前布局。这就如同企业的战略要提前制定一样,招聘也要提前整体布局。为何要如此呢?因为招聘是最后的选择,不能等到岗位缺失了才想起来招揽人才,要先在内部持续培养,更不能过于依赖"空降兵"。

阿里高层曾在一个访谈里面说过这样一句话:"即使公司要关门了,也绝不允许从外面招聘一个'空降兵'来担任公司 CEO。"甚至,阿里将"不招'空降兵'来担任 CEO"这句话写到了公司的基本法里面,足以见得他们对内部人才培养的重视。

而这份重视来自"血的教训"。大家都知道阿里的"十八罗汉"战无不胜,受到很多合作企业的膜拜。但在创业初期,阿里对合伙团队里的人才不是很满意,尽管当年"十八罗汉"是放弃了北京的高薪职位回杭州创业,但阿里告诉他们:"不要想着靠资历任高职,你们只能做个连长、排长,团级以上干部得另请高明。"事实上确实这样做了。

2006 年的前后,阿里引入了一大批国际人才,其中包括卫哲、吴伟伦、曾鸣、谢文、崔仁辅、黄若、武卫等。然而到了今天,这批"空降兵"除了曾鸣以外,其他人因为各种原因都没能留下来,可以说是"集体阵亡"。反倒是当初一起创业的那些人依旧坚挺,如彭蕾、戴珊、谢世煌、吴泳铭……如今个个身居要职。

有了这样"血的教训",如今的阿里极其重视内部管理者的培养与成长,这也是现在的企业和管理者们都应该学习的——招聘是最后的选择。要知道,**在其他地方生长的最茂密的大树,移过来的时候最容易死亡**。企业需要的是"青年树",有培养潜力的"树",他们能让企业成为"森林"。这就对企业提前布局招聘的能力提出了更高的要求。

阿里的招聘理念像是一颗定心丸,在一片狼藉的互联网裁员环境里让那些无处安放青春的"人才",能够找到新大陆。据阿里最新财报显示,目前阿里巴巴集团和蚂蚁金服的员工总数首次超过10万人。

回过头来看,企业招人并不是一定要去勉强用所谓最优秀的人才,而是要基于现实的目标,招对人、组对局,这样才能打造"良将如云、弓马殷实"的铁血团队。

管理者练习

管理者需回答以下两个问题:

1. 卖点——我们自己的优势是什么?比如,工资待遇、个人发展、学习成长、福利保障、公司规模、企业文化、领导魅力……
2. "客户"导向——应聘者的关注点是什么?

3.2 招人是管理者的事

在企业里,经常会出现这样的场景:HR 招来的员工在工作一段时间后不符合岗位要求,业务部门管理者开始和 HR 互相推诿招聘责任:

HR:业务部门自身策略不清晰,对于岗位用人标准不明确,甚至要求招一个技术"大牛",并且一个星期之内就要入职。最后招来的人不合适,业务部门还把责任都推到我身上,我觉得这工作没法做了。

业务部门管理者:招人就是 HR 的事,你们应该协助我们制定明确的用人标准。我想招一个稳定的、合适的员工怎么这么难呢?

为什么会出现这样的情况呢?这是因为在大多数管理者的认知里,招聘是 HR 的事。

招不到人,是 HR 前期工作做得不到位;

招的人做得不好,是 HR 眼光不好;

招的人留不住,是 HR 不够体贴。

难道招人真的是 HR 的事吗?当然不是。

招人是管理者的事。这句话出自于阿里首席人才官蒋芳。2015年 9 月 3 日,她特地在"阿里味"社区写过一个关于招聘的帖子,只为讲清楚这一句话——招人是管理者的事,HR 起到的只是辅助作用。也就是说，招聘的决策权是在业务部门（见图3-3）。

关于招聘：招聘是主管的事，招聘是主管的事，招聘是主管的事，**重要的事情说三遍**。

阿里高层最近对HR提出批评，他觉得HR太靠前，导致Leader们很多功夫都废掉了，而招人无疑是其中最重要的功夫之一。

——蒋芳，2015年9月3日发表于阿里味

图3-3 蒋芳对于招聘的看法

诚如蒋芳所言，管理者必须把大量的时间和精力花在寻找、招募、面试和调查候选人上。这也是为什么在阿里发展的早期，管理者重视并参与每一次招聘的原因。这也是阿里绝对不会把招聘外包给其他机构的原因。阿里当年反复强调招人的权利，这个人是否能进来，要管理者自己做决策。

在阿里成立之初，从保安到前台接待，都是管理者亲自面试的。在严格地把关下，阿里能培养出一些有传奇性的代表人物，也就不足为奇了。

例如，如今阿里的首席人力资源官——童文红就是这批传奇人物中的代表。谁能料想到一个前台接待员最终会成为首席人力资源官？如果是在普通的公司，由普通的行政经理面试，那么她的前途可能只通向行政经理。但在阿里，她是由管理者亲自面试的，这也为她的职业之路提供了更多可能性。

童文红从前台接待员一步一个脚印走到了行政经理的位置，然后开始接手业务管理、客服人员管理工作。在这个过程中，她不断积累管理经验，慢慢地成长为菜鸟董事长，最终成为整个阿里集团的首席人力资源官。正所谓"先有伯乐，后有千里马"，正是有了

阿里这样的"伯乐",才造就了童文红的"千里马"传奇,而她的传奇不会止于此。

从童文红的例子中,我们可以看出招聘其实是管理者的事情,如果管理者重视招聘,可能会为企业带来不可多得的人才,否则,就会带来很多问题。

在我为企业培训的过程中,我看到最极端的例子是,有些企业的管理者入职时间还不到一个月,就开始进行招聘工作,这是非常错误的招聘做法。刚入职的管理者,在自己都没有了解公司的文化和价值观的情况下,盲目地招人,这样招进来的人往往与公司的文化、价值观是不匹配的,会带来较大的风险。

还有一些中小企业的管理者认为招聘与他无关,是 HR 应该做的事情。在阿里,为了让管理者认识到招人是管理者的事,甚至还采用了"跨四级招人"的招聘方式。比如,在阿里广州区的业务线中,销售或者客服是基层员工,上一级是业务主管,再上一级是城市经理,最高级为广东区的总经理,而总经理需要面试销售或者客服人员。这种跨级招聘的方式,将招聘彻底变成管理者的事情。

既然招人是管理者的事,HR 只是辅助作用,那么,管理者要如何与 HR 协作,才能更快更好地招到人呢?

在这方面,管理者可以借鉴阿里的"政委体系"。

阿里的 "政委体系"

"政委"这个词不是来自传统的西方管理学,而是来自军队管理,"政委"全称"政治委员制度"。阿里巴巴为何能想到建立这样的制度呢?

那是在 2005 年,当时正值《亮剑》热播。高层管理者在这部电视剧的主角——李云龙的身上看到了基层管理者的影子，并了解到"政委制度"的优势。当时也是阿里巴巴 B2B 业务发展的重要时期，人才紧缺，急需一个能帮助管理者招聘的富有管理经验和专业知识的团队，与此同时，企业的价值观在传递过程中产生了断层，甚至还有基层员工反问："公司还有价值观吗？"这给高层管理者带来了极大的危机感。因此，高层管理者把这件事交给 HR 负责人邓康明，让他去搭建阿里的"政委体系"。

阿里的"政委体系"可谓不负众望，它的建立不仅帮助了业务部门的管理者建设更好的团队，还通过这一制度体系让阿里的价值观一层一层地传递下去，让阿里能够走得更长久。

了解了阿里"政委体系"的起源与作用后，我们来看看"政委体系"的四大核心目标（见表 3-1）。

（1）懂业务：让员工明白业务的流程、目标、方法等内容，和业务经理达成真正的默契。

（2）提效能：帮助各部门员工提升办公效率，增加各部门的绩效，增加人效产出。

（3）促人才：筛选人才，帮助员工不断地提升自身的能力，促进整个团队成长。

（4）推文化：一层一层地传递公司的价值观，促使企业文化不断发展、完善。

表 3-1 阿里巴巴"政委"制度的核心目标

模块	重点	责任与权力
懂业务	业务场景	组织会议（团队协同问题） 通过组织诊断工具6个盒子，如组织构架、人才梯队、团队协同等，了解业务发展阶段和组织痛点

（续）

模块	重点	责任与权力
提效能	绩效管理	推动绩效流程；督促团队成员遵循361原则
	薪酬福利	参与调研，参与年终奖、股权分配等
促人才	人才盘点	围绕业务目标，进行人才盘点，确定需要招聘的人才类型、员工培训名单等进行人才梯队的搭建工作
	筛选人才	在面试人才时有一票否决权，有一定权限和部门一起决定入选者的层级与薪资
	管理提能	梳理团队的核心能力
	员工培训	为员工提供业务培训和业务机会，促使员工成长
	员工晋升	在员工报名前进行甄选评估工作，有现场投票权
推文化	参与战役	与业务部门共进退，共度618、双十一、双十二等
	员工关怀	规划团建活动
	企业文化	通过奖励让员工有归属感，如评先进员工，在周年典庆、年会和各种节日里给员工发福利等 通过惩罚让员工有敬畏心，如违纪员工扣奖金等

阿里的"政委"通过这四个核心目标帮助管理者更好地进行招聘工作，建设优秀的、专业的团队。这与"HR"有着相似的职责，但实际上又与"HR"有一些区别（见图3-4）。

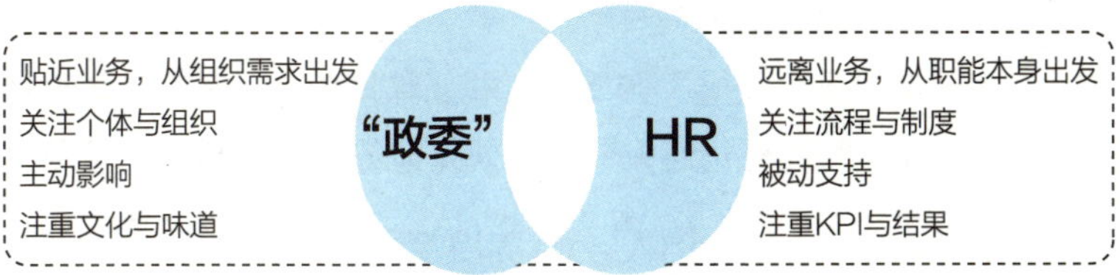

"政委"
- 贴近业务，从组织需求出发
- 关注个体与组织
- 主动影响
- 注重文化与味道

HR
- 远离业务，从职能本身出发
- 关注流程与制度
- 被动支持
- 注重KPI与结果

图3-4 政委与"HR"的区别

虽然阿里的"政委"与"HR"有一定区别，但与管理者仍有着密切的联系。"政委体系"的组织构架就能体现这一点。阿里的"政委体系"在组织结构上分三层，其中"小政委"为最基层，与初级管理者搭档；中层为"大政委"，与高级管理者搭档；最高级为人力资源总监，直接向阿里的高层汇报工作情况。管理者与"政委"的工作侧重点不同，但都是以促进企业的人才发展为共同目标，在工作中他们相辅相成，又相互制衡（见图3-5）。

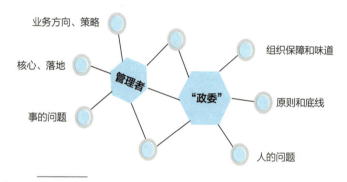

图3-5 管理者与政委工作的侧重点

在招聘时，管理者会为"政委"提供策略上的帮助和方向上的引导，而"政委"在招人时有一票否决权，这减少了管理者决策失误的概率；"政委"注重长期目标，坚持原则和底线，关注价值传递与人才培养，可以为管理者提供有远见的建议；管理者关注业绩成果，注重策略的落实，可以为"政委"提供业务目标实现的具体方法与经验总结。

以上就是阿里"政委"与管理者相互辅助招人、用人、育人的过程。这套体系虽然对招对人非常有效，但如果企业想要直接复制它的话，也是十分危险的。因为阿里的体系是适用于自身的业务的，是在自己的企业环境中成长出来的。企业不能简单盲目地模仿，而要去仔细分析，他们是如何了解业务、为业务赋能，然后找到一种方法，不停试错，最后将其灵活地运用到自己的工作中。

但无论如何，管理者一定要谨记的是：招人这件事，从来都不是 HR 一个人的事，这也是管理者的事。

管理者练习 / 管理者需制作一个创意的招聘文案。

3.3 从业务战略开始的人才战略

确定了招聘理念，知道与 HR 配合，是不是就能招对人了呢？

创立"知行"时，我明确了自己的招聘理念，也知道招人是最重要的事。所以，我很重视每一次招人，但没想到还是犯了错。

刚成立不久，我迫不及待地聘用了一名主管，我觉得他一定会很厉害，因为他曾经在世界 500 强公司工作过，管理过培训团队，而且他对于课程设计的理念讲得头头是道，简直是我的不二之选。但是，自从他加入团队，我们很快就意识到，他的执行能力很差——他在大公司待了太长时间，擅长委派工作，亲自上手的能力较差。尽管他对这份工作很感兴趣，但却适应不了小的团队和创业公司的环境。

庆幸的是，我发现问题之后，立刻把他"请"走了。这件事给我一个很大的教训：可以求贤若渴，但千万不能迫不及待地把任何人拉入团队，更不应该忽视考察的过程。即使面试时发现对方看起来很"完美"也不行。

为什么我会出现这样的问题呢？究其根本就是因为我不知道自己想要招什么样的人。而要明白自己要招什么样的人，必须要认清自己的业务战略。

决定一个企业人才战略的，其实是业务战略。也就是说，只有你的业务战略清晰，才能决定想要什么样的组织结构，以及什么样的流程分工，最后再确定人才战略。

在此，我问管理者几个问题：

你是否清楚地知道业务团队的工作方向和目标？

你是否清楚地知道为了实现这个目标，所需要的团队人才构成方式呢？

你是否清楚地知道实现这个目标所需要的人员素质模型呢？

你是否能清楚地评估现有团队人员，是否符合你的期望能力呢？

你是否清楚地知道，当团队成员的能力不够时，应该怎么办呢？

以上五个问题，如果你不能很快地回答，那么你可能正在面对"不知道自己要招什么样的人"的困境，也就是管理者不知道企业的人才战略是什么。

这里所说的人才战略不仅是谈人才的招聘、筛选以及培训等内容，它有具体的战略路径：市场——业务——人才。不同的市场需求会使企业产出不同的业务，而不同的业务对不同的人才有需求。因此人才战略的重点就是根据市场需求，筛选并培养出与之相符的人才。只有通过这样的路径打造出的人才队伍，才能为公司提供技术与策略上的支持，促进公司"百尺竿头更进一步"。在我分析这个关键的思路和工具之前，我想先跟大家分享一个案例。

网络红人"芙蓉姐姐"，想必大家都不陌生。她在2004年"爆红"后，备受争议。后来，她的团队根据市场需求，为其量身打造了一个"变身"战略，让"芙蓉姐姐"摇身一变，成为"励志女神"。减肥成功的芙蓉姐姐，在2005年获得了"中国网络十大杰出红人奖"，并在同年担任了中国徐州羽博会的"爱心大使"。对于芙蓉姐姐的转变，新华网这样评价：她没被世俗束缚，没因侮辱退缩，而是把握住时代的风向标，自信地做自己该做的事。

从"芙蓉姐姐"的例子中，我们可以看见团队制定的战略和定位十分重要，特别是把握了"时代风向标"的战略定位，在关键时刻可以让她打一场漂亮的"翻身仗"。所以，人才战略对公司或者我们个人而言都至关重要。

那么，到底什么是人才战略呢？

人才战略就是根据业务战略目标和组织的关键能力，对核心岗位人才进行招聘、识别、盘点。这是对人才培养和保留的过程，是对人才进行的一个宏大的、全局性的构想与安排。公司推行的人才战略，其起点是根据市场需求制定公司战略与经营目标；确定岗位需求，进行人才招聘、评估、培养，制定薪酬和绩效等相关计划。

人才战略是公司战略的组成部分，它们具备相同的逻辑内涵。因此制定的人才战略，一定要与公司的业务战略匹配，并且要为业务战略目标服务。

那么，管理者要如何根据业务战略来制定人才战略呢？具体实施起来有以下三个步骤：

第一步：明确业务战略

现实中，很多管理者在制定人才战略时没有把握基本思路。我在和企业管理者讨论、交流经验时，经常会有管理者问我："王老师，您长期从事一些人才战略的相关工作，那么您认为我们针对这条业务线制定人才战略的基本思路应该是什么？"

对此我给出的回答是："认清公司的业务战略后，人才战略的基本思路就自然涌现了。"

开发日常清洁用品的公司管理者也向我请教过这个问题。我先询问了他负责的业务线，在未来 1~3 年的总战略目标以及目标制定的依据。他的业务战略总目标是研发并推广便携式清洁用品，如沐浴露等，但由于市场已经接近饱和，无法再继续拓展业务范围。而随着旅游业的发展，商务出差的需求增加，使市场对便携式清洁洗涤用品的需求量增加。这一市场需求为他们公司的业务打开了新的突破口，可以成为该公司的增量市场。因此该公司的人才战略就要围绕"研发并推广便携式清洁用品"这一重点来制定。

将"市场"这一因素融入业务战略的制定过程中，是一个非常有效的思路。这样可以及时地根据市场的变化来调整业务，避免公司的业务战略与实际脱节，出现滞产滞销的情况。通过灵活的业务战略制定灵活的人才战略，可以因时制宜，贴合实际情况。管理者制定业务战略和人才战略，实际上是为了更好地进行业务管理工作。以下是管理者在进行业务管理时需回答的四个问题：

（1）业务的战略方向对不对？

（2）应该定什么样的业务指标？

（3）有没有合适的人？

（4）人好不好用？

管理者通过回答这四个问题，能够很快地明白自己在制定战略时是否出现错误与纰漏。确保业务战略方向的正确，才能安排确切的业务指标，实现利益的最大化。

在前两个问题都确定后，就要开始思考制定人才战略的两大问题了，即"有没有合适的人"和"人好不好用"，这是打造人才供应链必不可少的环节，也是制定人才战略的核心问题。"有没有合适的人"意味着要回答是否需要招聘新人才，"人好不好用"意味着要回答公司是否招对了人，在人才培养计划中是否存在方向上的偏离与方法上的错误。

还是以上文中提及的开发日常清洁用品的公司为例。在开发新产品线之前，管理者要问自己"有没有合适的人"，看新产品线是否缺乏必要的、具有组织能力的管理人才，看内部是否有原沐浴露产品线的管理干部可以转移过去，是否可以在培训后快速地接手新产品线的生产活动。在人才转移的过程中，还要考虑被转移的人才是否存在价值观与组织能力上的短板，如果有，那么他就不能胜任开发新产品线的工作。

如果公司内部没有这样的人才，则需要从外界招聘人才。越厉害的人，其保留人才的成本就越高，因为公司要向他提供更好的工作待遇与发展前景，才能留住这个人才。

在新产品线开发出来后，就需要考虑"人好不好用"。原沐浴露产品线的规模因市场饱和而不会继续扩展，不需要太多的人才，这就要管理者进行人才盘点，将没有创造价值的人裁掉。而新产品线的规模会随着市场需求的增加而扩大，急需人才，这需要管理者及时地对招进的人才进行盘点，观察他们对新产品线的开发是否有促进作用。在确定"人好不好用"的过程中，也可以通过人员调职达到减员增值的目的。

所以，管理者要清楚你的业务原点，然后确定你的组织策略。一个企业业务定位不清晰，可能会在面试时吓跑真正优秀的人才，即便是人才被"忽悠"进来了，也是留不住的。

第二步：明确组织结构与流程分工

在梳理清业务战略后，管理者要思考你的组织结构与流程分工。也就是说，为了完成这样的业务战略，需要匹配什么样的组织结构和采用什么样的流程分工？什么样的组织结构可以发挥更大的组织能力？我们的竞争对手在采用什么样的组织结构？在这样的组织结构之下，我们的工作流程应该如何切分？岗位应该如何分工？

第三步：人才盘点

如果将团队比作一家超市，人才就是其中的货品。与超市对货品盘存类似，人才盘点需要弄清楚团队现在有哪些人，在现在这样的流程和分工下，人员应该如何配置？需要什么样的人？每个职位类别需要多少人？公司内部已经有的人，要如何调度和调配？公司目前空缺的人，需要从哪里找？是内部培养还是外部招聘？

因此，要把人才像货品一样，盘齐、盘活。

人才盘点是确定人才战略的重要环节，不能只走形式，那样只是"为盘而盘"，根本没有任何作用。通过人才盘点，管理者可以发现最具有潜力的人才，了解这些人才在哪些方面存在短板，可以通过培训让这些人才快速成长。在了解这些问题后，管理者就可以制订未来半年至一年的人才培养计划，包括设计领导力培养项目、整个团队的提升方向等，为打造一个优秀的团队打下基础。

在进行人才盘点时，除了筛选新晋人才，并为其设计培养计划外，管理者要从该部门的实际业务情况出发，对核心下属进行全方位的评估，并为他们提出发展建议与前进方向，协助他们制订提升计划，让他们成为公司的储备力量。这样的人才盘点流程，实现了新旧人才"两手抓"，最大程度地加强了管理者对人才的关注，提高了管理者识人用人的能力，并为公司以后的发展储备了后续力量。

在明白了人才盘点的重要性与作用后，我们还需要了解人才盘点的具体内容，即"盘"的是什么。

人才盘点，就是要盘清楚每个人最适合的位置，建立各级人才库，阿里这一点就做得很好，一般是在各级管理者轮岗一圈后的年末或者年初，进行人才盘点，然后根据盘点结果制订工作安排计划。例如在 2012～2013 年的人才盘点大会结束后，阿里组织部的 20 多名管理者被调职，这是阿里进行人才盘点后的结果。

阿里的各级管理者可以在轮岗的过程中不断学习、积累经验，体验不同的工作内容。这不仅有助于各级管理者了解自身的短板，还可以让阿里的高层根据每个人的优势安排适合他们的岗位，为他们量身制订符合个性的发展与激励计划。阿里通过人才盘点建立的人才库，如同蓄水池一样，在不停地流动，这样可以不断地激发人才的活力。

在进行一次人才盘点后，还需要复盘。复盘是为了检查前期问题的解决情况以及上期计划的效果。这样年年盘点、次次复盘，才能为公司筛选出真正的管理人才，为公司打造一条经久不衰、充满活力的人才供应链。

人才盘点需要 HR 与管理者合作，HR 主要是确定流程，而管理者主要是敲定最终的人才管理计划。双方齐力共同推进公司的人才队伍建设进程。

这三步走完，随着业务战略越来越清晰，你的人才战略也就越来越清晰，你就会知道什么样的人更适合你的团队。一个好的管理者要想吸引来真正优秀的人才，离不开对业务战略的深刻把握。

基于通用素质的人才队伍建设已经无法满足当下的业务发展要求，人才管理必须回归"人才支持业务"的初心。用"从业务战略开始的人才战略"，从阿里以往的实践来看，这是一条切实有效且具可操作性的战略性人才管理实现路径。

管理者练习

下面是某企业业务战略目标和战略目标实现举措，管理者要根据其业务战略目标和举措，思考其人才战略。

某企业业务战略目标：2019 年营业额达到 1 000 亿港币，签约额达到 1 000 亿元人民币；未来五年，扩大 B 产品线的规模，实现企业净利润进入行业前三的目标。

某企业战略目标实现举措：将产品推入更多的二三线城市；增强原油优势产品的创新能力；逐步淘汰产能过剩的产品线。

人才战略（管理者的思考）：

1. 在实现业务战略的过程中，对人才的数量与质量方面有哪些需求？

2. 如何招对人？如何保证人才的数量与质量？

第 4 章
招人四步曲：选择大于培养

团队一定不能找最好的人，但是要找最合适的人。把平凡的人打造成最合适的人，才能成就不平凡。

4.1 招人第一步：闻味道——价值观是否匹配

阿里经常说，每个公司都有自己的味道，看人一定要"闻味道"。所以，阿里招聘的第一步就是"闻味道"。

说到这里，可能了解阿里"管理三板斧"的人会问：阿里"中层管理三板斧"介绍的"闻味道"，与招人阶段的"闻味道"一样吗？

招人阶段的"闻味道"与阿里"中层管理三板斧"介绍的"闻味道"有着大同小异之处。相同的是两者都有看人、识人之意。招人"闻味道"具体是指，看看前来面试的人与自己的团队、管理者本人、企业是不是同一类人，是否有着相同的价值观。因为人的分类没有对错，错的是把不同类的人放在一起。只有志趣相投，才能形成真正的"铁血团队"。

不同的是，招人的"闻味道"说的是管理者对于前来面试的人，针对的目标人群是应聘者；而阿里"中层管理三板斧"介绍的"闻味道"考验的是管理者的判断力和敏感力，修炼的是心力。

"闻味道" 是阿里重要的人才选拔准则

"闻味道"这个词在外人看来挺抽象的，但在阿里，它是重要的人才选拔准则。

人才对于阿里来说，是实现"将阿里打造成全球顶尖公司"这一梦想必不可少的因素。阿里在2000年通过努力终于获得了软银的投资,因业务需求,阿里的高层求贤若渴,到处搜罗名校毕业及在世界500强企业工作过的人才。只要技能水平够硬,就能到阿里工作。

这一人才选拔的方式在一年后慢慢显现出弊端,这些高端人才并没有给阿里带来全新的变化,相反还慢慢腐蚀了阿里的价值观与企业文化。这些人认为公司的高技能人员有很多,不需要自己劳心劳力,因此丧失了进取心,不愿为公司付出,拿着高薪却不办事。

阿里的高层在发现这些问题后,立即辞退了这些人,并对自己的行为进行反思。他认识到只要付出高于市面薪资水平的酬劳就可以招到业务能力强的人才,而阿里需要的不仅是高技能人才,更是能够给公司带来长远发展的人才。因此在招聘人才时,不能忽视非技能因素。此后,从保安到销售人员,都是阿里的高层亲自面试,不仅会考察他们的技能水平,还会去考察他们的品质与潜在能力。正是如此,才诞生出了纯粹的阿里文化与价值观。

原阿里执行副总裁卫哲为前期人才选拔所走的弯路做出了最终总结:过度地强调技能,忽略非技能因素。这是跨国公司经常犯的错误。阿里也犯过,不过纠正得快,非常坚决。

一个配合已久、默契十足并且价值观相似的团队对一企业的发展十分重要。如果将企业比作一棵大树,那么这样的团队就是树干,实现目标的能力、路径、方法等就是树叶。树叶掉了,还可以重新长出来,但如果树干枯死,整个企业将无法存在。阿里正是认识到了这一点,才开始用"闻味道"的方式去选拔人才。

阿里的"闻味道"就是先了解主体团队的人员究竟是什么样的人,然后再通过这一特征找寻那些具有潜能并能与其团队同甘共苦、共同奋斗的人才。换言之就是寻找气味相投的人。这样建立起来的团队才能一条心，经得起磨炼。

"闻味道"时不能太看重求职者的简历，否则，在招聘时就有可能出现这种情况：有两位求职者，都是名校毕业，工作经验也相似，业务能力都很强。但在他们进入公司工作后，在抗压能力、工作投入、责任感等众多方面的表现明显不同。显然，对工作更加投入、对团队有责任感、对公司有使命感的人能更好地融入团队，更适合这份工作。

例如阿里在招聘时，会通过问"你喜欢什么样的工作氛围""什么样的事情会给你带来巨大的压力"等与技能水平无关的问题，来判断求职者的"气味"。依靠这样的方式，阿里招了一批吃苦耐劳、能共进退且有使命感的储备人才，打造出了具有阿里特色的铁军文化。

阿里的面试官除了"政委"与各级管理者外，还有一个"闻味官"，专门来判断求职者的"气味"是否能与团队其他成员相融。"闻味官"不是随便一个人就能胜任的岗位，只有在阿里工作五年以上的老员工才有资格，他可以不具备招聘的专业知识，但一定要懂得聊天。例如在招聘前台接待员时，普通公司是让接待能力十分强的行政经理去面试，但阿里可能会让一个没有任何前台接待经验的人作为"闻味官"去面试。

出现这种情况是因为"闻味官"不需要考察求职者的知识与技术水平，面试过程也就是与求职者聊生活、家庭、实时热点等话题，全方位了解求职者的心态、责任感、使命感等，从而判断该求职者是否适合进入阿里工作。

不注重"闻气味"，可能会给团队带来负面影响。一个团队就像是一瓶香水，如果这瓶香水本来就是由栀子花、橘子等调制出来的淡雅型香水，突然被加入了花露水，就会破坏原本淡雅的香味，并使香味变得刺鼻。那些"气味"不一样的人就像是花露水，本身的能力很强，但不能融入团队，反而会降低团队的工作效率，很可能会给公司造成损失。

我给很多管理者上过课，也遇见过许多因不重视"闻味道"而招错人的管理者。有一个创业公司的管理者就曾犯过这种错误，也跟我分享了他自己的故事：

那是在2018年春节后，各个公司基本上都进入了招聘高峰期。他面试了一个从国企出来的项目经理，看中了该求职者的管理经验，于是聘请这位求职者为公司的业务经理。结果双方因为管理理念不同，合作得很痛苦，最后不欢而散。

其实他们两人的管理理念都没有错，且都是想让公司得到更好的发展，但他们的观念有分歧。两人不是同一类人，每天在一起工作，心情不好带动着彼此效率下降。在我看来一拍两散是必然结果。

正所谓"不是一家人，不进一家门"，对于公司来说也是如此。怕的就是，需要接地气做业务的公司招了一批讲格调的"小清新"，而需要做产品体验感的公司招了一批"泥腿子"。

所以，在招人时，"闻味道"很重要。

越是创业型企业，越应该招聘和自己的企业"味道"相近的人。因为初创企业一开始可能没有能力招聘很多人才，也没有能力招聘技能顶尖的人才，但是可以招聘和自己味道相近的人才。企业能否走得更远，团队人心凝聚在一起比个体能力强更重要。

"闻味道" 就是判断价值观

既然"闻味道"对招对人如此重要，那么管理者要怎么"闻味道"呢?

事实上,每个企业都有自己的"味道",阿里希望管理者在招聘环节中可以"闻新人的味道",确保他们在未来接受阿里文化的过程中能够感受到阿里是一家与其自身属性、追求和价值观相一致的企业。

所以,管理者在"闻味道"时,"闻"的就是价值观。看对方的价值观是否与企业、团队相符。

在阿里,企业的价值观和人才的价值观是否匹配是影响人才招聘的首要因素。阿里为了保证企业的使命、愿景和价值观能够最终落实到每一位员工身上,在实施人才招聘时,不仅要考虑人才在素质、知识、能力、经验和岗位需求的匹配程度,还要观察候选人的个性、价值观和个人追求是否与阿里的理念相匹配。图 4-1 是阿里的价值观。

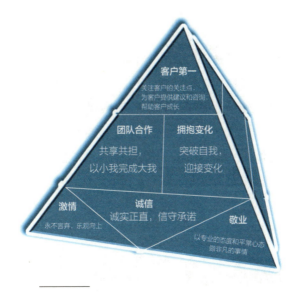

图 4-1 阿里的价值观

就像婚姻中两个人需要有相似的价值观与生活理念才能一起搭伙过日子一样，管理者招人也是类似的道理，不仅要对人才的能力、知识以及与岗位的匹配度进行考察，还要考虑其价值观、个人追求方向是否与企业一致，这样才能拥有愉快的心情，共同"过好日子"。

阿里认为价值观具有十分强大的力量。只有员工对公司的价值观认同并适应公司的企业文化，他们才会将工作当成自己的事业，从而全身心投入到事业的奋斗中，乐于为公司奉献。

很多管理者都明白这个道理，但在实践中，往往被面试者身上的光环遮住了眼。比如学历、工作经验、性格等。大多数时候，面试时间只有短短的半小时，甚至有的只有几分钟，然后就决定面试结果。在这样短暂的时间里根本不可能真正地全方位了解一个人。所以，当面试者拥有很多光环的时候，管理者往往很容易被突如其来的兴奋冲昏了头脑，降低原有的录用标准，忽略了他的价值观是否与企业相匹配。

作为管理者，**别被应聘者的"光环"影响了你的判断。只有价值观相同的人，才能一路相伴走下去**。当褪去了所有的光环之后，我们再重新审视眼前的候选人，他真的就是我们想要的那个能与公司共同成长的风雨同路人吗？

"乱花渐欲迷人眼"，形形色色的标准并不会提高招对人的概率，只会让管理者陷入迷茫。在通过实践的检验之后，才会发现用价值观来选拔人才最有效率，且会降低录用的风险。例如刘备选择诸葛亮，不仅是因为诸葛亮有"上知天文，下知地理"之才，更是因为诸葛亮有"匡扶汉室"之志，这与刘备不谋而合。当今的管理者也应该借鉴古人"知人善用""同道而谋"的智慧。

不仅是管理者，人才在选择公司时也会将价值观摆在第一位，与哪个公司的价值观匹配度更高，他就更愿意去哪个公司。如今，随着生活水平的提高，"90后""00后"在求职时，薪资水平不再是首要因素，他们更加注重精神与心理上的满足感。

综上所述，管理者在招聘筛选人才时，不仅要考察求职者的学历、经验等硬实力，也要更多地考察他们的素质、价值观等软实力。善于运用"价值观"来甄别人才，不仅能区分优秀与平庸，更决定了公司未来的价值观走向。

人才价值观三问

那么，管理者招聘时到底要如何考察价值观呢？明明面试的时候聊得很投机，为什么人招进来后却不像他曾说的那样呢？——这是管理者常有的困惑。

有时候，管理者会觉得在招聘时与面试者谈人生、谈理想时有许多共同的观点，就可以证明这位求职者的价值观与公司的价值观相符了，这其实是相当片面且不准确的。

价值观虽然是一种观点、一种态度，但观点和态度最终影响的是一个人的行为。当一个人持有某种价值观，他一定会体现出长期的、频繁的相关行为。

例如管理者在面试时，问求职者："你喜欢加班吗？"这个人可能会为了获得这个机会，而隐瞒真实想法，并明确地表达出"加班使我快乐"的观点。

这种浮于表面的想法与观点并不能代表一个人的价值观，而行动是由价值观直接延伸出来的，最能代表一个人的价值观，这也是大部分公司设置实习期的原因。除了实习期外，管理者要怎样做才能快速地判断求职者的价值观是否与公司相符呢？下面，我用一个客户公司的真实例子,来具体说说怎么面试。

这是一家广告设计公司。有一段时间,公司为了扩大业务,准备招聘三位优秀的设计师。

该公司的价值观中有两点内容非常重要:其一为从真实存在的用户洞察出发,没有多余的修饰,不为了创新而创新,不为了风格而风格;其二为团队之间、团队和用户之间,有什么想法都能说。

从这两点出发,管理者可以设计以下问题来面试求职的设计师:

1. 你最喜欢的广告作品是什么?你喜欢它的原因是什么?(了解设计师的设计偏好与设计理念)

2. 你能分享一下自己设计过的优秀作品吗?(考查设计师的专业技能水平)

3. 你是怎么设计出这个作品的?(了解该设计师设计作品时是否洞察了用户的需求点)

4. 你是如何洞察用户的痛点与需求点的?(判断设计师的用户洞察是否真实有效)

5. 在设计过程中你遇到过哪些难题?是如何解决的?(考查设计师解决问题的能力与抗压能力)

6. 在设计过程中你做过哪些取舍或决定?(判断设计师在设计作品时是否有多余的修饰,是否使作品内容全而不精,是否会为了作品的完整性而降低客户的满意度)

7. 你在设计作品前会和团队讨论设计内容吗?你们在设计内容上有不同的观点吗?(考查设计师的团队协作能力和团队沟通能力)

8. 你设计的作品是否得到了用户的好评？（从结果方面判断设计师的用户洞察是否真实有效）

管理者将所有面试的设计师的回答收集整理成文件，并在上面批注了自己的观察结果。最终，在管理者的努力下，公司招聘了三位优秀的设计师，并顺利扩大了业务范围。

通过这个例子，我们可以了解对面试问题的设计应该是建立在价值观基础上的，通过对求职者的行为进行考察，招聘到最合适公司的人才。

在设计面试问题时，我们还可以加入一些比较尖锐的问题或者具体场景让面试问题更具有话题性。通过尖锐问题与特殊的场景制造想法与观念上的刺激，从而引出求职者最真实的、能表现其价值观的观念与想法。例如直接让一位客户参与到面试过程中，直接评价设计师的作品，然后再让设计师进行自我评价。

总之，管理者在设计有关应聘者价值观的问题时，要设计一些开放性的问题。比如，你招聘的岗位特别需要员工能吃苦。如果你简单明了地提问：你能吃苦么？相信没有人会告诉你他不能。但如果你换了一种方式去提问：你所经历过的最苦的事是什么？相信通过他的回答，就能判断他吃苦的能力究竟怎么样。具体应如何设计问题，管理者可以参考下面的表 4-1 "基于价值观的面试问题示例表"。

最后，我要特别提醒管理者的是：**不要奢望招一个价值观不符的人进来再改变他，你想改变一个人的价值观是"难于上青天"的事。**

表 4-1 基于价值观的面试问题示例

类型	问题		红牌警示（危险信号）
责任	1. 描述一次你的团队没有按时完成项目的经历。如果让你再拥有一次机会，你会有哪些不一样的做法 2. 如果你不得不和一个与你相处不好的人一起工作，你会怎么做	不能支持自己的论点	在面试过程中，大多数求职者会声称自己是"优秀的团队工作者"，或者拥有"高尚的职业道德"。但是如果他们不能给你举例证明，那么他们可能只是浮于表面的话来打动你
社会责任感	1. 如何在保持低成本与对产品进行全面的质量控制之间保持平衡 2. 你建议采取哪些公司政策使我们的业务更环保？你如何确保员工能理解和应用这些指导方针	价值观与职位要求不符	通权达变的员工可能非常适合寻求吸引新客户的产品开发或营销驱动的公司或团队，他们可能很难保留在流程驱动的公司或团队中
创新	1. 描述一次你遇到的技术问题并且你排除方法不起作用的常规故障的情况。这时，你是如何处理的 2. 你能给我一个设计好的产品的例子吗？什么特点使这个产品与众不同	难以适应	新员工可以（尝试）适应新的工作方式，只要他们愿意这样做。但如果其他人有强烈的意见，不符合企业的核心价值观，这将不利于未来合作
以顾客为导向	1. 描述一次你设法让一个愤怒的顾客冷静的经历。你是如何设法保持专业性并处理他们的投诉的 2. 当你的轮班正好结束时，你将如何回复进入商店或打电话的顾客	傲慢的态度	求职者对批评表现出消极或展现出专横的态度是自己价值观优先于别人价值观的标志。这些人可能长期不遵守公司的政策

管理者练习

案例:

那天我去一家著名的 IT 公司应聘,经过人力资源部的面试后,被告知××时间去复试,我按时到了这家公司,问了七、八个人,才找到了我要找的部门。

我进来的时候,身穿运动服的李经理正在和一个员工谈话,我站着足足等了二十分钟,李经理解释说业务非常忙让我先到会议室等候,他去打印简历马上抽出时间与我交谈。

在交谈的过程中,李经理桌上的电话不时响起:有人告诉李经理缺少某种材料,要求尽快补齐;有人通知李经理下午有个会很重要,千万要参加……他的秘书又拿来一沓单子让他签字。我们的谈话不时被中断,再加上外面货车走过发出的轰隆隆的声音,我变得心烦意乱,想尽快结束这场断断续续的面谈……

面谈过程中,部门经理还直接问我是否结婚,说此工作需要经常出差,若是结婚或准备备孕的人就不考虑了。

15 分钟交谈结束后,他当场明确表示我通过面试的希望不大,并告知我以后公司若有职位再考虑我。

讨论:以上内容中,部门经理有哪些问题?部门经理的行为表现给应聘人员留下了什么样的印象?会给公司带来什么影响?你若是管理者你会怎么做?

4.2 招人第二步：
明确人才观——我们需要什么样的人

所谓"大道至简，知易行难"，明确人才观是每个管理者的必修课，也是招人的第二步。这个过程不仅是管理者明确企业文化的过程，也是保障真正优秀的人才能在公司的文化土壤中活下来的核心阶段。

"阿里需要的究竟是什么样的人，这是我们一直思考的问题。"这句话出自曾任阿里集团市场部和服务部副总裁、首席人力资源官、阿里巴巴集团 CPO 彭蕾之口。她是最熟悉阿里需要什么样人才的人，同时也是最会"看人"的人，一手缔造了阿里云的王坚博士就是彭蕾亲自招进来的。

阿里的人才观

那么，阿里风雨二十年，又是如何沉淀和精简自己"人才观"的呢？

在阿里文化中，有一句"土话"叫"平凡人做非凡事"。后来随着阿里业务越来越复杂，外面的环境越来越严峻，阿里人把这句话改成了"非凡人、平凡心，做非凡事"。"非凡人"，并不是说在名牌大学毕业，有辉煌经历的人。而是指在做一件非凡事的时候，可以有"屌丝心态"，但是不能有"屌丝能力"。阿里人的能力必须在更高的水准，但同时阿里人的心态还要踏实。

"非凡人"就是阿里的人才观，总结起来，只有4个词、8个字，即聪明、乐观、皮实、反省（见图4-2）。

图4-2　阿里的人才观

❶ **聪明：智商＋情商**

如今的时代发展越来越快，若想成为能真正"拥抱变化"的阿里人，就要能驾驭住变化。适应变化和驾驭变化是两种截然不同的状态，本质上是被动和主动的区别。驾驭变化，要求主动去适应变化、接受变化，进而掌握主动权，做出一些创新和改变。而要做这些，就需要"聪明"的人。"聪明"有两个层面的解释：

第一个层面是智商（IQ）。这个人在专业能力、专业知识上必须有"两把刷子"，否则一切都是空谈。所谓"没有金刚钻，揽不了瓷器活"大概就是这个意思。

第二个层面是情商（EQ）。管理者不要片面地理解情商就是见风使舵、察言观色。阿里对情商的定义是：不仅要能管理好自己的情绪，还要能走入别人的内心。同时，这个人要做到敞开心扉、简单开放、坦诚，不会拒人于千里之外。

在阿里，每个团队经常会定期、定时举办"裸心会"，每个小团队（7~10人）围坐在一起，把自己的心事开诚布公地讲出来。让人感到不可思议的是，每次做完"裸心会"，团队变得更有凝聚力，大家能彼此理解，感同身受。

❷ 皮实：经得起"棒杀"和"捧杀"

所谓"皮实"，就是抗击打能力、抗挫折能力，经得起折腾，这个"折腾"是什么意思呢？就是这个人不但要经得起"棒杀"，还要经得起"捧杀"。

阿里最开始讲"皮实"的时候，很多人把它理解为要经得起摔打、经得起锻炼。"天将降大任于斯人也，必先苦其心志，劳其筋骨"，这确实是"皮实"的一种表现。但还有一种是"捧杀"，很多阿里人在做出成绩后，会受到团队成员的崇拜和管理者的表扬，这时要求员工能够保持平和的心态，不被胜利冲昏头脑，经得起"捧杀"。

"皮实"的反义词是"玻璃心"。比如，管理者觉得他的文案写得不对，反复地让他写了三四次后，他就开始掉眼泪，这种情况很让管理者头痛。所以，管理者在招人的时候，要对这个人的心理素质进行考察，考察的维度就是经得起"棒杀"和"捧杀"。

事实上，"皮实"的意思，按我的理解，就是这个人要宠辱不惊。比如，我在天津地区做管理者的时候，因为招的人大多是销售员，销售员一定要有"皮实"的特质，因为他既要承受跑10次客户不能签单的挫败感，又要处理好达到目标被团队赋予荣誉时的兴奋感。

不管别人如何羞辱你、赞扬你，你都内心坚定，坦然处之，这才是一个人"皮实"的真正状态。

❸ 乐观：对生活保持开放的好奇心和乐趣

乐观说的是这个人既要对未来充满希望，还要有智慧。阿里对乐观的定义是：在充分客观理性地了解当下的真实情况后，仍然充满了好奇心和乐观向上的精神。

阿里在 1999 年还处于创业阶段，为了找到融资，团队成员煞费苦心。有一次，他们从外面找融资回来，进门后云淡风轻地对团队其他成员说："我又拒绝了硅谷的第 37 次风投。"事实上，这是他们第 37 次被人拒绝。阿里的这份乐观，这份永远怀着希望的赤诚之心，是每一位管理者都要学习的。

作为管理者，千万不要忽视一个悲观者带给团队的影响。一个悲观的人，不管你跟他说什么，他都会先把困难摆出来，告诉你要达到这个目标是不可能的事。甚至有的悲观者，会在团队里散播负能量，影响其他成员的情绪。这样的人是团队的"蛀虫"，管理者在招人时，一定要慎重考察。

而乐观的人就不一样，他会对目标充满希望，相信自己、相信团队可以达成目标。即使在别人认为这个目标不可能实现的时候，他也觉得"我可以再努力一下""我可以再加把劲"，这样的人，会让整个团队充满活力。

管理者在招人时，一定要懂得通过设计一些问题来判断这个人是否具有乐观精神。要知道，招进一个乐观的人，犹如把一颗太阳放在了你的团队，他可能会使你的整个团队充满活力和激情。

❹ 自省：自我反省

曾子说："吾日三省吾身。"反省犹如金子一样珍贵，这对员工成长很有价值。不仅个人需要自省，组织同样需要具备自省力。

仔细观察，你会发现在团队里，经常会出现一种"永远对"的人。不管你和他说什么，他都觉得自己是对的，不会反省自己，这样会逐渐丧失了自我感知的能力。

事实上，一个人不管做得多好，都要经常反省：

我还有哪些地方没做好？

我还有哪些地方可以改进？

在阿里，每年都会做 Review 复盘，也就是绩效面谈。这个面谈不是一对一的形式，而是团队一起面谈，怎么谈呢？一个人先讲自己的问题，这一年自己有哪些方面做得好，哪些方面做得不好。讲完之后，每个团队成员再给他反馈，比如我觉得你哪里说得是对的，你做得不对的地方是什么，你这一年做得怎么样，你一年是 3.5 分还是 3.75 分等。

这是一个残酷的过程，我的团队每年都会做，而且我会当着这十几人的面告诉员工："你是 3.5 分、你是 3.25 分、你没有达到我的期望。"这个过程对我而言确实很有挑战性，但也不能逃避。

在阿里，自省不是方法论，而是行动和机制，用阿里的"土话"说就是**"使我痛苦的必定使我成长"**。

以上就是阿里的人才观——聪明、皮实、乐观、自省。那么，阿里的人才观是否可以被管理者拿来即用呢？我认为，"人才观"不仅体现了一家企业的文化，同时也是选才的原则，它需要结合你所在的行业、岗位等来具体明确。所以，阿里的人才观，管理者可以参考借鉴，但不可完全搬抄。

介绍了阿里的人才观，那么，人才观到底是怎么来的？

一家企业的人才观，是在一家企业的业务、文化、环境综合作用下一点点"长"出来的。如果你问我有没有快捷的方式，可以迅速地总结出自己公司的人才观。

我会肯定地告诉你：这条路没有捷径可走。

明确人才观是每个管理者的必修课，要持续认知，持续精炼之。

管理者练习

请管理者做"知己知彼"六问：

知己：

1. 我们的业务规划需要多少人？什么时间点进入？（节奏）
2. 我们需要什么样的人？（标准）
3. 我们的优势是什么？（卖点）

知彼：

1. 年轻人有什么样的特点？（客户特点）
2. 年轻人有哪些需求？
3. 年轻人最关心的是什么？（客户需求）

4.3 招人第三步：
设置员工画像——北斗七星选人法

明确人才观的企业，才能准确地发现人才。比如阿里，很清楚自己想要什么样的人，即符合阿里价值观的人。

那么，是不是有了人才观以后，管理者就能招到对的人呢？

明确人才观以后，接下来进入招人第四步：设置员工画像。

在阿里，管理者会对每一个岗位做人才画像。比如下面是我所在的大区给销售人员做的人才画像冰山图（见图4–3）。

图4–3 阿里天津大区销售人员的人才画像冰山图

冰山上面——是管理者一眼就能看到的：知识、行为、技能。这些管理者可以通过学历、学校、从业经历、岗位等看出来。

冰山下面——是管理者不能直接看出来的：态度、价值观、角色、个性品质、自我形象、内驱力。这些需要管理者在面试时，通过设计问题来了解。

那么，什么是人才画像呢？

通俗地说，就是管理者能够把你要招的人的特征描述出来。

管理者之所以做人才画像，目的不外乎以下几个：

- 帮助管理者了解各岗位的具体人才需求，并根据这些需求建立人才素质模型，为招聘工作提供参考数据；
- 帮助管理者根据人才需求，选择合适的招聘渠道，缩短招聘时间，节约招聘成本，解决招人难的问题；
- 为管理者在招聘人才和人才管理等方面提供决策依据；
- 为管理者制定人才培训计划参考依据，促使公司的新进人才的发展；
- 为管理者制定考核标准及薪酬模型等提供具体的衡量指标。

关于"人才画像"的理论不多解释，直接进入正题：如何设置人才画像？

"北斗七星" 选人法

关于招人，上文我介绍的内容大多是理念，也就是侧重讲道的层面。而招人第三步，要落到具体的实践层面，从术的层面来分享打造阿里铁军的一大利器——"北斗七星"选人法这也是阿里专门针对销售人员做的人才画像。

"北斗七星"顾名思义,是由七个关键词,在三个能力层面和一个底层要求的基础上构建而成的。

❶ "北斗七星"选人法的构成形式

在"北斗七星"的构成中,金字塔的最底层是最重要的关键词"诚信"。诚信是价值观,是完成各项工作的底层保障(见图4-4)。值得注意的是,诚信也是需要修炼的;

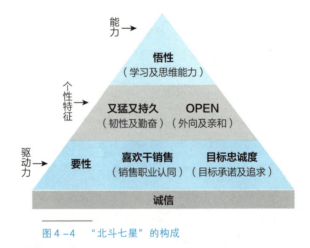

图4-4 "北斗七星"的构成

"诚信"上面的一层是驱动力,驱动力中有三个关键词"要性""喜欢干销售""目标忠诚度";

再往上一层是个性特征,包含了两个关键词"又猛又持久"和"OPEN";

再往上,就是最顶端的一层能力,这层的关键词就是"悟性"。这就是"北斗七星"的金字塔构成。

❷ 七个关键词的含义

了解了其架构,接下来,我们来看看这七个关键词分别都代表着什么?

诚信：

"诚"就是指"真诚之心"，"信"可以理解为不欺骗他人。诚信是一个既针对自己也针对他人的行为，即对管理者自身来说，要保证自己真诚，做到心胸坦荡、清正廉洁，真心对待他人。

心胸坦荡之人，其包容性与接纳性更强，能够更快地适应企业的文化与价值观，更快地融入团队。在工作中更愿意接受他人的意见与建议，会正确地对待他人的批评，不会因想法上的分歧而给其他成员带来负面影响。

清正廉洁之人，其心胸必然坦荡，这样的人在做事待人方面极有原则与底线，对公司的发展有着正面的引导作用。如果一个公司出现了不廉洁之人，很可能是制度上存在漏洞，或者是管理者没有招对人，在考察时没有发现这个人的缺点。

以上两点就是阿里对诚信的定义。除此之外，阿里还要求员工在待人处事时要做到诚信。"言必行，行必果"是最重要也是最基础的要求——对待客户，不能只给予他们"空头支票"，而是要将他们的需求落到实处；对待同事，要做到不欺骗，在出现问题时，不推卸责任；对待上级，不卑不亢，要量力而为，不要为了得到上级的赏识而承诺自己办不到的事情；在与他人交流沟通时，要做到"直言有讳"，即在讲实话的前提下，还要考虑他人的心情，这样可以在一定程度上促进团队的团结。当然这里的"直言有讳"并不是巧言令色，"见人说人话，见鬼说鬼话"只会适得其反。

上述要求不仅是对员工的要求，也是对管理者的要求。管理者是一个团队的"领头羊"，对其他员工起着表率作用，这就是上行下效。如果连管理者都不诚信，言行不一致，那会带坏整个团队的氛围。

要性：一个人要有自我成长和事业成功方面的目标。

目标忠诚度：设置具有挑战性和可行性的短期和长期目标，保持对目标的忠诚和专注，通过踏实工作实现目标。

喜欢干销售：管理者在招聘销售岗位的员工时，这个人要认为销售工作有意义、有价值，对销售工作感兴趣并愿意从事销售工作。当然，如果你招聘的是文案一职，那么同样的，这个人必须要"喜欢写文案"。

阿里认为，同时具备"要性""目标忠诚度""喜欢干销售"这三点才能激发一个销售人员足够的驱动力。

又猛又持久：这是阿里的"土话"，意思是说这个人要具有吃苦耐劳、勤奋务实的品质，同时抗压性强，能乐观面对挫折和困难；善于控制情绪，保持积极心态。

阿里巴巴要做到既有乌龟的耐力，又有兔子的速度，这句话是阿里对这一关键词最好的解释。耐力一词包含许多含义，比如能吃苦、抗压能力强、有毅力能够抵制诱惑等。这样的人把困难当作"磨刀石"，把诱惑当成机会，能够凭借自己的决心，快速地成长，做到常人不能做到的事。而使命感与责任心是构成他们决心的重要因素，促使他们可以"又猛又持久"。

OPEN：人要易于相处，能够与客户、团队成员、领导和谐地交往，建立良好的人际关系。

建立和谐的人际关系、营造开放的组织环境对团队来说十分重要。这一点在《原则》一书中也有体现。作者在书中表明，管理者要做到这一点，不能"独裁专政"，也不能太过依赖员工的想法，而要用开放的心态去处理。

悟性：什么是悟性？悟性是指一个人的学习及思维能力，在工作的过程中，能对工作知识不断吸收、归纳、演绎和迁移，并最终拿结果说话。

通过以上对"北斗七星"七个关键词的描述,我们可以清晰地看出:阿里关于一个岗位的人才画像是非常清晰的。然而令我感到遗憾的是,在我服务的企业里(特别是中小企业),大多数都没有设计自己的人才画像。所以,管理者在招人时,要像阿里学习,设计好人才画像,让招人的工作兼顾道和术的层面。

通过人才画像的描述,在你的脑海里面是否可以清晰地看到这个人的样子?如果放到对应的场景里面,你是否可以很快地辨认出这个人是否是你们需要的人才?

如何运用人才画像——单独打分,整体评判

管理者在招人时要如何运用人才画像呢?

很简单,单独打分,整体评判。下面,我还是以阿里的"北斗七星"选人法为例,以表格的形式示意管理者如何打分及评判(见表4-2)。

表4-2 管理者打分即评判的内容

人才画像特质	分值	评判标准
驱动力	1分	在工作业绩上有基本的自我要求,能达到公司主管等制定的基本业绩目标
	3分	以结果为导向,在工作业绩上有成长,希望通过销售工作改变自己,获得财富积累等个人中期目标
	5分	具有清晰的个人职业生涯规划,不仅希望在工作业绩上有成长和突破,也希望自己的能力素质上不断提升,寻求自我成长,挑战自我极限,希望通过销售工作实现自我价值

（续）

人才画像特质	分值	评判标准
目标承诺	1分	设置只需付出较少努力就能达到的目标，目标易变，对于更高的目标采取无所谓的态度
	3分	设置的目标有一定的挑战性，尽可能地去实现目标。具有一定的目标导向意识，但在遇到较大困难时，会对自己能否实现目标产生怀疑
	5分	设置的目标有较大的挑战性，内心高度认同自己承诺过的工作目标，具有强烈的目标导向意识，能为目标的实现持续坚持做各种尝试，愿意付出超常努力实现目标
职业认同	1分	认为销售工作只是自己谋生的方式，不值得过多投入，在有可能的情况下会选择转行
	3分	认为销售工作能带来多种收获，值得为它付出努力，自己是适合做销售工作的，在工作中获得了一定的乐趣
	5分	认为销售工作收获很多、充满挑战和乐趣，通过销售工作不仅能为自己积累财富，也能为他人创造价值；自己已经做好准备投身于销售事业，并愿意将这份工作介绍给其他人
学习与思维	1分	用常规方法获取有限的客户相关信息，不善于通过对各种信息进行分析综合、比较和推理，获取有价值的线索；不善于从自己或同事的销售成败经历中总结出销售规律和技巧
	3分	具有更多的信息来源，尝试利用各种方法来获取有利于工作的信息；能通过对自身实践的反思和与他人交流等方式，总结掌握销售规律和方法技巧
	5分	能通过各种信息渠道准确、快速地获取和处理自己需要的信息；能快速适应公司政策、市场、客户的变化；善于对工作中的各种问题进行综合分析，发现问题的共性与差异，抓住问题的本质

(续)

人才画像特质	分值	评判标准
沟通影响力	1分	能理解他人的言语表述,也能注意到非言语信息等,但往往忽视细节,不能准确领悟言下之意,不能做出适当回应
沟通影响力	3分	能综合利用言语和非言语信息,把握对方的意图;注意倾听,并能清楚地表达自己的想法;能运用印象管理技巧,塑造专业、值得信赖的形象,获得客户信任
沟通影响力	5分	能积极倾听,主动进行换位思考,体察和理解别人的情绪和想法,对客户的表达内容能快速把握要点和本质;善于营造积极的沟通气氛,表述问题思路清晰、富有条理性、逻辑性和感染力
情绪管理与压力应对能力	1分	遇到压力和挫折时容易消极、回避或退缩,有时会将消极的情绪带到工作中;缺乏应对压力的技巧
情绪管理与压力应对能力	3分	遇到压力和挫折时能及时调整心态,基本掌握了压力应对技巧;注意控制自己的情绪
情绪管理与压力应对能力	5分	具有良好的心态,能正视和处理各种压力事件,熟练运用各种技巧调节自己的情绪,遇事沉着理性
韧性与勤奋	1分	工作中遇到困难容易放弃,缺乏持之以恒的决心和毅力,喜欢走捷径,不愿意花过多的时间工作
韧性与勤奋	3分	工作勤奋踏实,能坚持做好销售工作中的每个环节,但遇到较大困难时不能坚持到底
韧性与勤奋	5分	工作中遇到困难不轻言放弃,总能以持之以恒、吃苦耐劳的精神对待工作中出现的问题;能承受高强度、高密度的工作量,并愿意为销售工作付出大量的私人时间

(续)

人才画像特质	分值	评判标准
外向与亲和力	1分	不回避他人,愿意与人接触,与人相处感觉自如,容易与比较类似或者对自己友好的人建立关系
	3分	具有较强的亲和力,热情对待他人,愿意与人分享自己的想法和感受,能被大部分人较快接受,很快地和他们建立友好关系
	5分	乐于与他人沟通,主动和他人分享自己的观点和感受,善于调动他人情绪,有很强的感染力,能快速地和不同类型的人建立友好关系

管理者可以针对表里每个关键词设计问题,然后进行打分,整体分数达到要求时,这个人就是你要招的人。反之,就是不符合要求的人。下面,我再用一个面试案例讲讲管理者具体应如何判断。

情景两难的面试案例

"你的销售业绩排名情况如何?"(如果是第一,问问题 A;如果不是第一,问问题 B)

A:你是怎么做到第 × 的?你为了实现这个目标做了哪些努力?

B:没有做到第 × 的原因是什么?你为了实现这个目标做了哪些努力?

此问题初看是了解面试人员的专业技能(销售业绩),但其实包含的内容相当广泛,值得推广分享。

- 主要考核点:

通过对方的回答,可以判断出此人有关诚信心态、销售技巧能力、团队合作意识、自我认知能力、目标追求和韧性驱动力等方面是否符合要求。

人才画像的作用，是把岗位人员需求描述清楚，让管理者形象、客观地看清这个人。

管理者练习　在阿里"北斗七星"选人法介绍的核心素质项中选择一个，进行如下练习：
- 确定素质项的评估要点。
- 结合"单独打分，整体评判"方法，按循序渐进的提问技巧，写出提问提纲。

4.4 招人第四步：
用行为面试法选择正确的人

虽然有了清晰的人才画像，但对于管理者来说，在一场仅有 30 分钟的面试里辨别应聘者与人才画像之间的匹配度，是非常不容易的。那么，管理者如何在短时间内快速地了解一个人呢？

问对问题很关键。

问什么问题呢？这需要学习招人第四步——行为面试法。

行为面试由简兹在 1982 年最早进行阐述，行为面试侧重于探索深层的行为，而不太看重学历、年龄、性别、外貌、非言语信息等特征。行为面试的假设是"过去的行为是预测未来行为的最好指标"，这是因为人总是有相似的行为模式，在遇到相似的情景的时候会和过去的行为模式保持一致。

比如，一个人在过去的一年中，遇见过一些傲慢无礼、不讲道理的客户，但是他并没有因此而情绪失控。每一次，他都很好地控制住了自己的情绪，并耐心地与客户交谈。最终他用自己的专业知识与服务态度，获得了客户的信任与支持。那么后来当他再遇到同样的问题时，就能从容面对，冷静地回答客户的问题。

行为面试法就是根据求职者过去的行为，判断他的工作能力。其主要作用是为了帮助管理者区分找工作能力强的人和做工作能力强的人。有的人找工作的能力很强，但实际工作能力一般；有的人做工作的能力很强，但找工作的能力一般。表 4-3 就是这两种类型的人的能力特征。

表 4-3 找工作能力与做工作能力的特征

找工作的能力	做工作的能力
镇静自信	主动积极
和蔼可亲	善于合作
发音清晰	达成目标的能力
外表阳光	业务能力

现实中,我看到很多管理者在使用"行为面试法"问问题时,往往只是泛泛地去问面试者一些过去经历的事情,以此来判断其是否符合岗位要求。

其实,行为面试是一种结构化的面试,所谓结构化,是以对岗位严谨分析为基础,按照事先设计好的题目来提问,提高面试的可信度。这里面,我总结出最重要的是两个词:逻辑与细节。

行为面试法的两个关键点:逻辑与细节

下面,我结合"北斗七星"选人法中的两个层面,给大家详细讲一讲在行为面试法如何使用逻辑与细节去判断和验证面试者是否合适。

从驱动力层面来说,它包括"要性""喜欢""目标忠诚度"。一般来说,管理者会关注这个人的内驱力。比如自主自发的能动性,积极的态度等。如果要判断候选人这个层面的能力,我一般会问对方这个问题:

你未来三年的职业生涯规划是什么?

这时,你会发现70%~80%的人基本说不清楚。那么,在这个层面上他肯定达不到满分。管理者需要注意的是,今天的员工表现是由三年前决定的,三年后的员工表现是由今天决定的,以终为始,要清晰地知道员工的目标。当一个人没有目标的时候,这个人的驱动力就会很弱。

一般来说,如果面试者没有三年的职业规划,那我会继续问:

你未来一年的规划和目标是什么?

如果对方连一年的目标规划都说不清楚,那这种人我基本上不会选择了。

如果面试者回答了你的问题,管理者就要用到行为面试法中的逻辑与细节。比如,前面我问:"你未来三年的职业生涯规划是什么?"问完后,有的面试者会清晰地告诉你:

三年内想成为 HRD 或事业部经理。

这是一个很清晰的回答,但并不代表他是一个合适的人选。接下来,管理者还要依靠逻辑和细节去判断。我会接着往下问:

最近在读什么书?
最近在看什么公众号?
参加什么沙龙?

你会发现刚跟你说要成为 HRD 的面试者,他最近读的书除了小说就是散文,平时关注的公众号与人力资源没有任何关系,甚至连说出几个人力资源方面的知名人物、网站、资讯、趋势都很困难。那么,他刚才说的"三年内成为 HRD"是发自内心的吗?

可以换位思考一下,如果我们自己三年的职业规划是在管理领域有所建树,甚至成为专家,那么现在我们肯定要关注、阅读这方面的书籍、文章、公众号等。

为了更深入地帮大家理解行为面试法，我以"北头七星"选人法的能力层面入手来为大家解读。

能力层面，也就是关注面试者的悟性、学习力。在这个层面，我会重点关注对方到底是否真在学？这同样会用到行为面试法里面的逻辑与细节。比如，我会问面试者这个问题：

你最近在看什么书？你在关注什么公众号？

如果这本书我读过，我会判断他对这本书的理解、他的思维、他思考的深度；如果我没读过，我会听听他给我介绍这本书的情况。在此过程中，如果我判断出对方好像很久都不读书了，那么对这个面试者的学习力肯定是要"打问号"的。

我问面试者"关注什么公众号"的问题，除了验证他的兴趣与目标外，我还在判断他的能力边界。

设计行为面试题目的三个关键原则

总结以上行为面试的过程，我们至少可以得出设计行为面试题目的三个关键原则：

（1）用事实讲话的原则。有的管理者在面试时，会给面试者安排一个虚拟场景，然后问面试者应该怎么做，这是不准确的做法。因为面试者给出的答案，只能代表他的想法，并不能代表他的实际行动。因此，面试题目要针对面试者真实的工作经历设计。

（2）针对性原则。每一个岗位与面试者都有自己独特的特征，管理者在面试时要针对他们的特征，提出相关的问题。例如在招聘应届生时，提出的问题应该是与其大学的兼职经验和任职情况等相关的问题。

（3）突出重点原则。管理者在设计面试问题时，要追求"精"，而不是"广"。没有重点的提问，是在耽误彼此的时间，而且会给管理者在汇总面试信息时带来麻烦。

运用 STAR 进行有效追问

有的面试者在回答问题时，可能不会例举出相关的事例来证明其回答内容的真实性，有时候就算例举出了事例也并不完整，这会让管理者的面试工作进行得不顺利。为了避免出现这种情况，管理者需要通过敏锐地观察，找到面试者描述的含糊不清的地方，并据此追问细节。这样，管理者就可以知晓事例完整的面貌，从而为决策提供依据。

管理者在追问细节时，可以通过"STAR"法来提问。"STAR"的每一个字母都代表着一种类型的问题，这可以帮助管理者进行有效的提问。

S 指情景（Situation）：这件事发生的时间、地点、人物等背景介绍；

T 指任务（Task）：这件事情发生在什么场景下，你要完成什么任务，面对什么样的抉择或者困难？

A 指行动（Action）：你扮演什么角色？做了哪些事情？

R 指结果（Result）：事情的结果如何？你收到了什么反馈？

管理者根据这四个方面提出的问题的实用价值非常大。但是在面试过程中，有的面试者回答问题时会趋利避害，例如夸大自己的优势，掩饰自己的不足等，这样的信息会影响最终结果，为管理者做决策带来干扰。那么，管理者要怎样识别面试者的回答是否真实呢？

最佳解决方法就是：通过"STAR"法追问结果。当面试者在虚构一个事情时，并不能做到面面俱到，不可能将每一个细节都描述得清晰并符合实际。如果管理者在进行细节追问时，面试者给出的一直是模糊不清的答案,管理者就可以判断面试者说的事情的可信度,并做出是否录用的决定。

设计行为面试题的步骤

通过上文,我们了解了设计行为面试试题的原则以及追问细节的具体内容,接下来我们再了解行为面试试题的具体设计步骤。

一般来说,设计行为面试题有以下6个步骤(见图4-5):

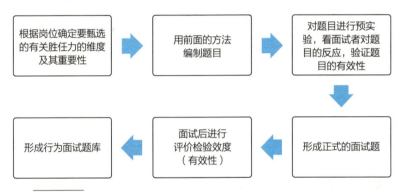

图4-5 设计行为面试题的六个步骤

例如,下面是我设计的选拔客户经理、项目助理的行为面试题,大家可以参考一下:

考查维度	行为面试题
客户开拓	☐ 请问你如何在一个不太熟悉的环境中开拓自己的客户,请结合类似的经历来谈谈你的主要方法以及最终达成的效果
问题解决能力	☐ 请谈谈你最近解决的一个比较棘手的客户问题,你是如何解决的?为什么这个问题比较棘手

下面是项目助理的行为面试题目:

考查维度	行为面试题
团队意识	☐ 当你正在负责一项重要工作时,而其他同事又来请求你的帮助,你会怎么办?你是否有过类似的经历?如果有,请描述一下当时的情形及处理过程
沟通能力	☐ 当上级领导在不了解事情的真实情况下做出了一个不利于你的决定时,你将如何处理?请描述一下类似的工作经历,谈谈你的处理方式及方法
抗压能力	☐ 请讲述在最近的工作中,你遇到的让你有挫折感的一件事,你是如何解决的?简单描述一下当时的情形及处理的过程和结果

面试时不可踩的"坑"

最后,我想告诉管理者一些关于面试的禁忌。这是我在犯了很多错、踩了很多"坑"之后,总结出来的经验。

一是**人的能力是经历的产物,而不是意愿的产物**。管理者往往容易犯的错误是:错把意愿当能力。一定要清楚工作动机和实际能力并不相关,如果没有相关的技能和经验,即使热情高涨,也很难拿到结果。

二是如今面试人员的通过率普遍不高,能到20%就已经很不错了。所以很多时候要在事上磨,三个月试用期之内,**以事驱人、以事育人、成事成人**。把人招进来后,拿事去驱动他、去培育他,最终事成了人也留下了,事不成人也不能留下。

三是招人的时候要慎重,招进来以后要欣赏,"选育用留,严进宽出,拴心留人""内在决定外在,适合大于优秀,选择大于培养"。

最后,总结一下:行为面试法是站在过去预测未来,核心逻辑是通过提问识别面试者过去的行为模式预测未来的绩效表现,背后的原理是一个人有稳定的行为模式,通过分析这些行为模式,能够预测其未来的表现。提问的核心是把握逻辑与细节,从而判断他是否胜任我们的人才画像。

管理者练习

第一句话:"这个人糟透了,他一贯迟到、不守时,这个人简直是太不负责任了。"

第二句话:"这个人在过去两个月的时间里连续迟到了5次,其中还有一次旷工,他是个不太守时和不负责任的人。"

以上两句话,哪个更能说明过去的行为表现呢?

第 5 章
开人：
心要慈，刀要快

对于不合适的人，心要慈，刀要快。

5.1 没开除过员工的管理者,不是好管理者

在管理者的工作事项中,最令人头疼的莫过于对人的管理;而在管理人的工作中,最难的一项可能就是开除员工了。电影《在云端》中对此有生动形象的展示,管理者为了避免直接面对将要失去工作的员工,选择让中介机构(如咨询公司)帮助他们完成这个过程。

由此可见,开除员工确实是一件让管理者很头疼的事。我在为企业培训的时候,曾经在课间听到两位管理者的谈话。

A 是某公司销售总监,和他聊天的是同公司的另一个销售总监 B。

A 说:"销售部压力大,员工流失率高,一年走掉 30% 的员工根本来不及招人,把我愁坏了,你们怎么样?"

B 说:"我们很好啊,我绝不解雇一个员工,最近三年流失率几乎为 0,所有人都找到了家的感觉。"

那么问题来了,你觉得 A 和 B 谁是合格的管理者呢?

我的答案是:A 和 B 都不是合格的管理者。一个好的管理者不但要懂得招人,也要懂得开人,甚至是开除自己亲自招进来的人。用一个形象的比喻,这就像人热爱美食但也要坚持运动,否则脂肪就会不断积压,直到走不动道。

所以,管理者对持续不改进的员工要果断开除,对他们的容忍

是对优秀员工的不公。在阿里，**做了三年管理者的人，如果还没有开除过人，则被认为是一个不合格的管理者**。招人，是管理者要做的事，而且大多是基层管理者的事；开除人是对管理者的一项考验：**没有开除过员工的管理者，不是好管理者**。

这也意味着，作为管理者，不仅要学会招人，还要学会开人。

开除人"心要慈，刀要快"

如果要评比国内"开人界"的"扛把子"，我这一票一定会投给阿里。

2017年，湖畔大学的第三期开学典礼，某位高层谈到他曾在某年大年三十的晚上狠心开除了一名在公司工作多年的高管，他的话立刻引起场下一片哗然。有人站起来问他，这样做是否太过残忍？这位高层肯定地回道："**开除人'心要慈，刀要快'**。"

杰克·韦尔奇曾经说过这样一句话："如果当一个人到了中年之后，还没有被告知自己的弱点，反而在某一天因为节约成本的原因被裁掉了，这是最不公平、最不应当发生的事情。就是因为这个公司太仁慈了，他连出去找工作、提升自我的可能性和机会都没有。"

所以，如果要开除员工，就直接开除，最怕的是"拉锯战"，想起来的时候锯两下。对一个员工不满意，却又不找他谈话，连续三次想要开除都没成功，就像反复拉锯割伤口，最残酷无情。那么，开人的"刀"到底要多快？

阿里曾经创下1小时开除1个人的记录。

2016年9月12日，阿里巴巴在内部搞了一个"中秋抢月饼"的活动，安全部门的4名员工为了抢到月饼，自己编写了一个程序，16:00 成功抢到了 124 盒月饼。

令人猝不及防的是，这四个人 16:30 被管理者约谈，17:30 被解除合同，18:00 离开阿里。

这是阿里史上最快的开除人记录，从 16:30 约谈到 17:30 解约，阿里只用了 1 小时就完成了，真正应了阿里高层那句开除员工"心要慈，刀要快"的话。

如今阿里的 CEO 张勇也继承了开人"心慈刀快"的理念。张勇在一次讲话中谈道自己曾动手把一个 2000 年就在公司工作的"老阿里"开掉了，因为他有商业操守问题。当时几乎所有的管理者都下不了手，唯有张勇"手起刀落"，毫不犹豫地把他开除了。

除了阿里，华为在开除不合格及价值观不符的员工时，同样也做到了"心慈刀快"。

2017 年 11 月，任正非在人力资源管理纲要 2.0 沟通会上表示：

"低绩效员工还是要坚持逐渐辞退的方式，但可以好聚好散。辞退时，也要多肯定人家的优点，可以开个欢送会，像送行朋友一样，给人家留个念想，也欢迎他们常回来玩玩。"

为了重新激发员工活力，华为在 2008 年 1 月 1 日《劳动合同法》实施之前，策划了"先辞职再竞岗"的集体大辞职方案。参加自愿辞职的老员工大致分为两类：自愿归隐的"功臣"和长期在普通岗位的老员工，工作年限均在 8 年以上。

其中一些老员工已成为"公司的贵族"，坐拥丰厚的期权收益和收入，因而"缺少进取心"。由于这些老员工的收入相对较高，华为公司为他们辞掉工作支付的赔偿费，外界预测总计将超过 10 亿元。

任正非常挂在嘴边的词中有一个是"沉淀"。在他看来，一个组织时间久了，老员工收益不错、地位稳固就会渐渐地"沉淀"下去，成为一团不再运动的固体。拿着高工资，不干活。因此他爱"搞运动"，任正非认为，开除人是保持企业活力最重要的因素。

任正非曾经亲自批示一位刚进华为就给自己写"万言书"的北大（北京大学）学生："此人如果有精神病，建议送医院治疗；如果没病，建议辞退。"

那么"心不慈，刀很快"又会有什么样的后果呢？

"心不慈，刀很快"，说明管理者没有人情味，只根据业绩开人，一点情面都不讲。"心要慈"是对的，毕竟面对的是员工，采取的解决方案要符合人性。懂人性者，才能得人心，得人心者得天下。应用到操作层面，在你能够确保完全合规、没有法律风险，可以单方解聘的前提下，仍然选择协商、沟通，给对方台阶下，不要扼住喉咙，以保留对方未来在其他地方的发展机会。这才是真正的"心要慈，刀要快"，这才是管理者开除人的正确做法。

开除员工，并不是一个轻松的话题，对于员工和管理者来说都非常重要。任何加入企业的员工都要清楚地认清未来几年的工作状况，管理者也要对他们所处的和所打造的环境负责。在不符合企业价值观的员工没有破坏这个环境之前，最好还是以相互尊重的方式将其"开除"。但牢记开除员工一定要尽快行动，否则公司受损、员工寒心。

成功企业的做法，不一定完全模仿。但凡是走向了伟大和辉煌的企业，所有的种种做法都会成为案例和典范，我们可以从中学习、借鉴，再用到自己的管理工作中，这才是真正学到了精髓。

第 5 章
开人：心要慈，刀要快

管理者练习 / 管理者思考：你开除过员工吗？你开除员工依据的标准是什么？

5.2 开人第一步：双轨制绩效考核——赏明星，杀白兔，野狗要示众

在上一节里，我说过"没开除过员工的，不是好管理者"，以及开除人时"心要慈，刀要快"的理念。那么，开除人的具体实操方面，管理者要如何做呢？是随心所欲想开除谁就开除谁吗？还是谁对你不尊重就开除谁？

想开除谁就开除谁肯定是不对的，开除人，是依照绩效考核制度进行的。阿里有严格的绩效考核制度，所有的员工每个季度、每个年度都要参加考核，考核不合格的员工，将会被开除。这个决定必须由"腿部"管理者做出。

事实上，现在几乎所有的企业都在做绩效考核，只是对于绩效考核的方式，不同的企业有不同的做法。在这里，需要特别指出的是，很多企业在做绩效考核时，只考核"工作业绩"这一维度，很少有企业会在绩效考核里设置考核价值观方面的内容。

这也是阿里绩效考核的与众不同之处。前面我一直在说阿里的高层是一个非常重视价值观的人，阿里是建立在价值观之上的公司。如果这种无形的理念不能融入一个可执行的管理制度中，那么阿里也将是一个只在"嘴上和墙上"拥有价值观的企业。为此，阿里说："价值观并非虚无缥缈的理念，价值观需要考核。不考核，这些价值观是没有用的。"

2001年，为通用服务了25年的关明生加入阿里，帮助阿里打

造了一套与国际接轨的绩效管理体系,奠定了阿里绩效管理的基础。阿里借鉴并强化了通用电气对价值观的推崇方式,采用了"活力曲线"法则以及基于这个法则的淘汰和激励制度。阿里把这个绩效考核制度取名叫"双轨制绩效考核"。

何为"双轨制绩效考核"(见图5-1)?

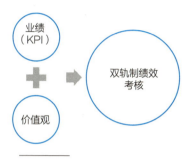

图5-1 阿里的"双轨制绩效考核"

所谓"双轨制绩效考核",就是从业绩和价值观两个维度进行考核,两个维度的考核指标各占50%。

从短期看,考核文化与价值观似乎对企业发展没有用途,但企业要想长期维持健康、良性、持久地运转,甚至基业长青,文化与价值观的考核就显得非常重要了。绩效是通往业绩的第一步,但绩效的基础一定是建立在文化、价值观之上。价值观与业绩一样,也是需要考核的,否则就形同虚设,这就是"双轨制绩效考核"的重要意义。

那么,名震江湖的"双轨制绩效考核"是如何区分出"明星""白兔""野狗"员工的呢?下面,我以自己在阿里十年的工作经历为大家详细介绍一下。

"双轨制考核"的流程及打分

所谓"汝欲得之,必先知之",在了解"双轨制绩效考核"的

具体做法之前,我们先来了解一下它的流程。在流程上,"双轨制绩效考核"需遵循以下逻辑:

目标设定——自我评价——部门主管打分——HR审核、汇总与反馈结果

对于KPI（业绩考核）,在阿里业绩打分分为七个档,根据目标完成情况、工作胜任能力、员工职业素养等业绩指标进行打分;

对于价值观考核,阿里是严格按照"六脉神剑"的内容来打分。

"双轨制绩效考核"的分值结果与四个奖励有关——奖金、调薪、晋升、期权,基本原则是:奖金和贡献有关;调薪和市场有关;晋升和潜力有关;期权和战略有关。

赏"明星",杀"白兔","野狗"要示众

在一个团队,最理想的人才是既有出众的业绩,又能与企业的价值观匹配,且富有团队精神的人。然而,这样的人终归是少数。有的人虽然能出成绩,但价值观较差;有的人价值观较好,但业务能力平平。大多数人介于两者之间,业务能力和价值观都在中等。

管理者应该采取怎样的取舍标准来开除人、用人呢？阿里就是用"双轨制绩效考核"来进行区分的（见图5-2）。

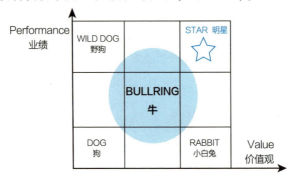

图5-2 阿里的"双轨制绩效考核"

根据"双轨制绩效考核",阿里把员工分为五大类,即"野狗""狗""小白兔""明星""牛"。

❶ "小白兔"式员工:KPI 无法改善

"小白兔"式员工是指与企业价值观匹配,但业绩不好的员工。

【"小白兔"式员工的表现】

一般来说,"小白兔"式员工有以下种种表现:

能力一般:"小白兔"式员工往往因为能力不足而很难独立完成工作。基层的"小白兔"从事的工作比较简单,表现并不明显;而高层"小白兔"的能力"短板"会被放大,不适合做管理者。

混日子:"小白兔"式员工一般都有自知之明,他们在认识到自己的能力不足后,就在企业混日子。"佛系"是他们的标签,他们通常会秉持着"平平淡淡才是真"的想法,在面对工作时心无鸿鹄之志,不求上进,只求安稳。因此工作时也是"得过且过",不追求完美,不愿意改变。

熬年头:虽然"小白兔"的能力一般,也没有上进心,但他们的毅力可谓十分强悍,可以在企业中十年如一日的熬日子、熬资历。他们坚信"多年的媳妇熬成婆"的道理,将上级领导"熬走",自己就能取代其位置。

兢兢业业:"小白兔"式员工的兢兢业业叫不能胜任,无论工作多少年,能力没有任何提升,虽兢兢业业,也仅仅是维持工作,并不能带来创新和改变。

【"小白兔"式员工对团队的危害】

"小白兔"式员工看似"无辜",时间久了却像一颗颗长在企业身体里的"慢性毒瘤",对团队发展十分不利。总结归纳一下,大概有以下几重危害:

占用资源,没有成果。"小白兔"式员工往往"在其位,不谋其政",使新人没有表现自己的机会,使有能力的人被迫寻找机会跳槽,避免被其拖累。能力是员工的价值所在,占用资源却没有任何成果就是在浪费企业的资源,不利于团队价值的增值。

影响团队士气。"小白兔"式员工不思进取,会将"佛系"传染给其他员工。当这类员工占据主导位置时,企业的文化将变为"佛系"文化,慢慢击垮其他员工的士气,企业没有高昂的斗志,只能等待死亡。竞争是促进个人成长、公司发展的必经路径。没有优胜劣汰,没有竞争,必然会走向失败。

不利于引进优秀人才,阻碍团队建设。当"小白兔"式员工在企业中熬出资历,成为管理者后也更倾向于招聘新的"小白兔",避免有能力的人将其取而代之。这样就会形成恶性循环,将企业彻底变成"养老院"。最终让团队、企业走向末路。"千里之堤毁于蚁穴",就是这个道理。

【"小白兔"式员工的处理方式】

那么,对于这类员工,管理者应该如何处理呢?

无能但是非常廉洁爱民的官员到底该不该杀?这是前段时间的热播剧《延禧攻略》中皇帝面临的问题。太后与大臣都认为该杀,但皇上却有些犹豫不舍。

不仅是古代的皇帝,现今的管理者也常常面临着这样的抉择:到底应不应该"炒掉"这种看起来兢兢业业但做不出好业绩的员工?对于这一问题,管理者可以借鉴优秀企业的做法。

阿里:直接开除

阿里曾说:"一个公司'小白兔'多了就是一种灾难。如果不灭掉几个'小白兔',这个公司就不会前进,不会进步。"

所谓"生于忧患,死于安乐",企业的"小白兔"式员工,大多是安逸环境造成的结果,原本有能力的员工,在不温不火的工作氛围下,逐渐变成了做不出业绩的"小白兔"。

所以,对于"小白兔"式员工,在整个团队发展稳健的情况下,管理者可以直接开除。如果不淘汰这类人,整个团队会把大量精力浪费在为"小白兔"式员工收拾残局上,没有多余的力气朝更高的目标前进。

在这方面,360也选择同样的做法。360董事长周鸿祎曾经专门发了一个帖子,告诉HR,要定期清理"小白兔"式员工,防止公司出现"小白兔"成为中高层管理者的"死海效应"(见图5-3)。

图5-3 周鸿祎发布清理"小白兔"的帖子

华为:激励+开除

华为对付"小白兔"式员工的做法是:激励+开除。任正非说:"钱给多了,不是人才也人才。"如果给了钱,仍然达不到业绩要求,直接开除。

但不是所有的企业都能像阿里、华为一样实力雄厚,对于不能像阿里、华为一样"任性"的企业该怎么办呢?

简单粗暴地开除这些"小白兔"式员工当然也是一个解决问题的方式,但是治标不治本,开除了一名"小白兔"式员工,仍然会有接二连三的"小白兔"式员工出现。管理者最好的处理方式就是:通过"制度+文化",从内部激活"小白兔"式员工,让员工自发产生实现公司目标的驱动力。比如,管理者可以对"小白兔"式员工进行调岗,有句话说的是"**小白兔往往是放错了位置的明星**"。但如果调岗后,还是没有任何突破,那么管理者就要果断地开除他了。

❷ "野狗"式员工:触犯公司价值观

"野狗"式员工与"小白兔"式员工相反,属于价值观不好但业绩好的员工。

【"野狗"式员工的表现】

一般来说,"野狗"式员工有以下种种表现:

伪造数据或欺骗客户;

以消极的行为影响团队,或利用公司资源牟取私利或恶意使用资源;

违反保密协议,擅自泄露公司机密;

生活作风有问题,并在公司造成恶劣影响;

工作态度消极,顶撞上司,与同事之间沟通不顺;

在团队里散播负能量,抱怨工作、抱怨公司、抱怨上司。

【"野狗"式员工对团队的危害】

管理者在任用"野狗"式员工时有很大的风险。这类员工很可能在利用公司的资源得到成长后反咬一口,这就是所谓的"翻脸不认人"。这类员工的能力往往比较强,或者有很大的潜力,但是他们没有契约精神与团队精神,总是将自己的利益放在第一位。

管理者聘用"野狗"式员工时,既要考虑他给公司带来的利益,也要考虑其风险,不要花费大量的时间与精力为企业培养一个强大且不遵循规则的竞争对手。这类员工只能短期任用,时间一长,就会削弱制度的约束作用,降低管理者的威信力,让团队变成"一盘散沙"。

【"野狗"式员工的处理方式】

一般来说,"野狗"式员工的工作能力很强,但工作态度、职业道德等方面有问题。对于这类员工应该如何处理呢?

对于像阿里这样的大企业来说,一般都是直接开除"野狗"式员工。但对于正在上升期的中小企业来说,"野狗式"员工会填补人才空缺,可以快速地提升企业的业绩,推动企业更上一层楼。对于中小企业的管理者来说,"野狗"式员工就像一把不受控制的枪,一方面可以借其威势镇住他人,另一方面又害怕他将枪口对向自己。那么该如何对待他们呢?

对于"野狗"式员工的留与不留,下面这个案例或许可以给企业的管理者启发。

老张是某公司的一名销售基层管理者,经验丰富,能力超群,但一直得不到集团的重用。因为他是一名"野狗式"的员工,不愿根据公司的规章制度办事,不太认同公司的价值观与文化,并且为人表里不一。

在 2018 年,该公司有一个发展前景较好的子公司缺乏销售管理人才,且招不到合适的人。公司在内部通过调查与筛选后,发现只有老张了解这方面的业务渠道,于是决定让老张担任子公司的销售副总经理,主要负责子公司的日常销售管理工作。考虑到任用这类员工的风险,子公司的销售经理由公司总裁担任。

老张担任子公司的销售副总经理后,凭借一股"土匪劲儿",将子公司的业绩带上了一个新的阶梯。但不到半年,公司的业绩就出现"滑铁卢",一跌再跌。等公司总裁发现问题时,市场秩序已被打乱,代理商、竞争对手都混入其中,试图坐收渔翁之利。子公司的业务损失巨大,总裁也无力回天。

所以,"野狗"式员工能不用最好不用,用也要慎用且不能重用。尤其是关键岗位,一定不能让"野狗"式员工担任,否则就可能像上面这个案例一样"一失足成千古恨"。

对于这类员工,关明生说过这样一句话:**"姑息可以养奸。"** 一味地以业绩为导向,不考虑团队、客户利益的人,一旦你的团队里出现更多的"野狗"式员工,你的整个团队就毁了。所以,阿里的做法是:直接开除。对于"野狗"式员工,无论其业绩多么优秀,无论多么舍不得,都要坚决清除。

❸ "牛"式员工

处于中间地带的就是"牛"式员工。

【"牛"式员工的表现】

"牛"式员工一般有以下几种表现:

工作能力不是很强,但任劳任怨;

做事勤勤恳恳、踏踏实实,不张扬;

没有太突出的业绩,但也不会做出违背企业价值观的事。

【"牛"式员工的处理方式】

对于这一类员工,管理者要加强培训和激励,在稳定公司人心作用的同时,发挥他们最大的效能。

"牛"式的员工就像机器上的小齿轮,他们虽然平时默默无闻,但发挥着不可小觑的作用。他们对团队发展可能会有不同的建议与想法，会由于这样或那样的原因无法表达出来，但长期累积，会影响他们的工作热情。

因此管理者在管理这些员工时，要花费一些时间去了解他们的想法与建议，让他们感受到管理者的关心与重视，从而帮助他们找到存在感，并认可自身的价值。"牛"式员工非常容易得到满足，管理者只要给他们的发展提供一个可持续的、清晰的、长远的规划，使他们看见未来的希望，甚至不用发挥奖励机制的作用，就可以让他们任劳任怨工作，无怨无悔付出。

管理者在给员工分类型时，可能划分得不太准确。不同的员工有着不同的自我定位与预期，如果管理者不能明确划分，会使员工在工作时遇到阻碍。特别是对"牛"式员工有很大的影响，会降低他们工作的积极性与热情。例如，如果管理者将他们划分到创新型员工中，他们可能因为这方面的能力不足，而在工作中受挫，进而失去信心，丧失工作热情。

管理者除了要正确划分"牛"式员工的类型外，还要关注他们的心理诉求，这样才能用感情拴住他们的心，从而更好地管理他们，让他们在岗位上充分地发光发热。

❹ "明星"式员工：业绩和价值观都好

"明星"式员工，顾名思义，就是业绩好、价值观也好的员工。

【"明星"式员工的标准】

对于阿里来说，"明星"式员工需要具备以下几个条件：

诚信和热情是员工最基本也是首要的素质。

乐观上进，健康积极，有朝气，对互联网行业充满兴趣与激情，渴望成功。

有适应变化的能力，具备较好的专业素养和职业修养，善于沟通协作。

有学习的能力和好学的精神。

【"明星"式员工对团队带来的积极作用】

"明星"式员工的个人绩效一般都很好,他们不仅会给企业、团体带来很多的业务贡献,还可以将周围员工的生产效率提升10%,这就是溢出效应。"明星"式员工的业务贡献只是他们给企业、团体带来的基本好处,而溢出效应的好处才是"大头"。

"明星"式员工其实相当于员工模范,他们可以引导团队成员分享有价值的知识与信息,为其他团队成员提高工作效率、提升工作能力提供巨大帮助。他们在团队中起到了引导与示范作用。除此之外,"明星"式员工在工作时还会不经意地传播正能量,这有利于传递企业的价值观,推动企业文化的建设与发展。

【如何留住"明星"式员工】

对于"明星"式员工,管理者当然是要想办法留住。如何"留"呢?

阿里的做法是在物质上慷慨奖励,在精神上给予荣誉。物质奖励留得住人,精神荣誉留得住心。做好这两点,"明星"式员工基本都能留住。

除了这四种员工,还有一种"狗"式员工,也就是业绩和价值观都不达标的员工,对于这样的员工,没有什么可说的,毫不犹豫地开除。

以上就是阿里"双轨制绩效考核"里五种员工的处理方式,用一句话来总结就是:**"赏明星,杀白兔,野狗要示众"**。

如今,随着新生代员工步入职场,越来越多的企业认识到,对于员工的评价,不能仅局限在业绩完成的情况,还需要考量员工的价值观,让员工能够真正融入公司,认可公司的文化,成为公司的一分子。因此,"双轨制绩效考核"也被越来越多的企业所应用。

绩效考核是通往业绩和文化的第一步,只有把绩效和价值观挂钩,才能明确招什么样的人、用什么样的人、晋升什么样的人、解雇什么样的人。阿里通过"双轨制绩效考核"来确保既能做出有价值、有意义的事,又能造就一支备受鼓舞的团队。这就是阿里说的使命感和梦想会给企业一个方向,绩效体系里面一定要包含公司的使命感和梦想。

管理者练习 / 依据"双轨制绩效考核",把你团队里的"明星"式员工、"小白兔"式员工、"野狗"式员工、"牛"式员工区分出来。

5.3 开人第二步:"271"制度——抓"2",辅导"7",解决"1"

管理者都知道,绩效考核最容易得罪人。有的管理者为了不得罪人,绩效考核打分环节都给员工打高分。到头来,"小白兔"式员工不害怕被降薪,"骄娇二气"更加浓厚了;"明星"式员工付出再多也得不到回报,便不再继续努力做业绩。这就完全失去了绩效考核的意义,团队迟早要散。

关于这个问题,阿里曾经在员工大会中直言不讳地说过这样一段话:

"如果有些人每天早上开着跑车上班,心里想着:既然管理者说不能离开,那我就不离开,反正我还有淘宝和支付宝的股票,就待个五年,公司替我赚钱,我就永远不干活了,这儿逛逛,那儿逛逛,也不需要努力工作。这才是最大的灾难。我们最讨厌、最担心这些身在公司心却不在公司的人。如果发现公司里有这样的人,我们一定会采取措施,一定不会让这样的人继续留在公司里。出工不出力的员工必须严惩,不然就对不起新加入的人,对不起勤奋的人,对不起信任我们的股东,对不起未来。这是我最想强调的。"

除了阿里以外,网易等许多名企都十分推崇"快乐工作"的理念,他们试图通过宽松化、人性化的管理模式,为员工打造一个更好的工作环境,最大程度激发员工的工作热情。但这种模式也是有底线与原则的，即根据考核赏罚分明。只有这样，才能让每一位员工做到有原则、有底线，在工作中不混日子，将工作视为事业，并为之奋斗。

为此，阿里出台了"271"制度。事实上，"271"制度并非阿里原创，它与"双轨制绩效考核"一样，是中供铁军的早期奠基人关明生从通用电气带过来的。

如今，通用电气已经不怎么坚持"271"制度了，但阿里还在坚持。在阿里，任何一个团队都有"271"排名，甚至每一个层级都在贯彻"271"制度。

什么是"271"制度

"271"制度，就是管理者每季度、每年根据"双轨制绩效考核"，把员工划分为三个档次：

第一档2：是超出期望的员工，占全体员工的20%。

这20%的员工不光有突出的业绩表现，同时也是阿里核心价值观的践行者。阿里高层将他们视为公司的骄傲，不断提拔他们到重要岗位。

第二档7：是符合期望的员工，占全体员工的70%。

这类员工认同公司的核心价值观，思想觉悟没问题，但业务能力中规中矩，并无突出表现。阿里的大多数员工都是这种类型。公司将对他们进行针对性的培养，挖掘其潜力，鞭策他们进入20%的佼佼者行列。但与此同时，阿里也不放松对其价值观考核，以免他们思想懈怠，下滑到最低的档次。

第三档1：是低于期望的员工，占整体的10%。

这类员工也许表现得很差劲，也许业务能力非常突出，但他们的共同特征是不认同公司的核心价值观。按照阿里的用人理念，业绩拔尖但价值观考核不过关的是"野狗"式员工，是管理者要开除的对象。

"271"制度是最重要的管理抓手和领导力训练工具

"271"制度之所以能够覆盖全部员工，是因为其打分是以"是否达成目标"为依据的。企业的各级目标确定了企业发展方向，其中包括了短期目标、战略目标、愿景目标，依次层层递进至"基业长青"的使命目标。根据目标打分，需要管理者花费大量的时间与精力，确保每一位成员的短期绩效目标服务于企业的各级目标。这是该考核制度制定的前提。

管理者在判断一个员工的工作目标、观念是否与管理者自身的理念、企业的目标达成一致时，可以通过询问员工以下问题进行判断。

你的上级管理者是通过什么样的方式来评定你的工作成果的？
你的上级管理者最欣赏你工作中的哪个方面？
你的上级管理者认为你最需要的改善的地方是什么？

管理者在问这些问题的过程中，如果发现能够回答这个问题的员工很少，这代表着管理者的管理机制与方法可能存在疏漏，让员工无法认清自身应该做什么事。这时，管理者就可以通过"271"制度，用强力有效的方式帮助员工明确自身的定位与职责。

"271"制度的顺利实行，会促进管理者与员工的沟通与交流。例如，有些管理者在任用"1"这部分员工时，往往会因为舍不得而错失"炒掉"他们的最佳机会，从而给企业造成损失。通过有效的沟通会及时发现这类员工的风险爆发期，从而规避风险。除此之外，"271"制度还会使管理者在管理的过程中，更加注重员工的成长,及时对员工进行评价与反馈。

值得注意的是,有的管理者刚刚晋升,没有管理经验,在管理的过程中,没有促使员工的业务目标与企业的目标达成一致,也没有进行沟通。因此在辞退员工时会产生愧疚感。这是每一位管理者都会经历的过程,只有不断地积累经验,提高自身的领导与管理能力,才能成为一名合格的、优秀的管理者。

"271"管理:抓"2",辅导"7",解决"1"

那么,管理者要如何对20%、70%和10%的员工进行管理与区别对待?

在日常管理上,管理者只要重点关注两头就可以了,也就是要抓住"2",解决"1";中间的"7",则需要辅导。

❶ 20%员工:树标杆、立榜样,并给予物质与精神的褒奖

对于团队里面表现最好的20%员工,管理者首先是要给予大量的褒奖,包括奖金、期权、表扬、培训以及其他各种各样的物质、精神奖励。管理者要注意的是,一定不能怠慢"明星"式员工,要让优秀的人得到最好的奖励。

在阿里,"271"中的"2"要拥有整个激励份额的30%~50%。比如,今天要奖励十个人,奖金总额是10万元,第一名和第二名拿走3~5万元,这就是对"271"的各类员工在奖励方面的一些区分。这里面有个要点是:作为20%的员工,管理者一定要把他们树立成榜样。在团队里,榜样的力量是无穷的,可以给大家指引方向、树立标杆,可以让其他团队成员沿着榜样的成长路径去快速地成长。

在这方面,对于管理者而言最大的挑战是什么?最大的挑战

就是:

> 管理者一定要清楚团队里谁是"明星"式员工?
> "明星"式员工清楚自己是"明星"式员工吗?
> 管理者为"明星"式员工做了什么?

"明星"式员工往往是内驱力、目标感极强的人。他们不缺目标,他们缺的是职业发展路径,他们需要的是快速成为管理者,这是管理者能够为20%的员工做得极其务实的事情。

❷ 70%员工:做好辅导,帮助他们建立结果思维与目标意识

"7"在"2"与"1"之间,"7"是很难管的部分,代表了业绩和价值观都不突出的员工。对于这70%的员工要采取的管理方式,更多的是技能辅导和周全的目标设定。

技能的辅导。如今很多企业都在对员工进行大量的培训。但事实上,大多数员工缺的不是简单的培训,他们缺的是辅导,缺的是管理者手把手地传授,就像师傅带徒弟一样,教会他们工作的技能。

阿里在这方面做得非常好。阿里有辅导16字方针,叫"我做你看,我说你听,你做我看,你说我听"。管理者辅导员工首先不要说,而是应该俯下身来实实在在地做,帮助员工拿到结果,然后在做的过程中"我说你听",把积累的经验详细地传授给员工;等管理者教完之后"你做我看",通过这一步检验员工是否学会;最后是"你说我听",看员工的方式方法用的对不对,有没有抓住窍门。

目标的设定。70%的员工有一个弱点是缺乏目标感。他们和"明星"式员工最大的区别是"明星"式员工往往有着极强的目标感和内驱力,但70%的员工往往缺少清晰的目标。所以管理者要帮

他们建立目标感，养成结果思维并培养目标意识，最终形成以结果与目标为导向的习惯。

❸ 10%员工管理："心要慈，刀要快"，"不教而杀谓之虐"

优胜劣汰是管理者对待"1"的最有效的方式。正所谓"快刀斩乱麻"，管理者要及时将这部分员工开除，避免造成更大的损失。

就算"1"有极强的业务能力与超高的绩效水平，管理者也不能给他们发奖金、涨工资，因为他们不认同企业的价值观，如果给予他们较高的待遇会给其他员工错误的信号，会降低员工对团队的信任。除此之外，管理者就算欣赏这类员工，也不能将公司有限的资源全部放在他们身上，否则就会"祸起萧墙"。

在阿里，有一个活动叫"圆桌论坛"，管理者不能参加，HR和团队所有的员工进行座谈。我在阿里带团队的时候，最怕的就是：员工给我点评"王建和人真不错""王建和对我们很好"。要知道，作为管理者，当你的团队里每个员工都说你好的时候，这个团队就出问题了。这往往代表的是管理者的不作为。管理者一定要做到：对得起好的人和对不起不好的人，一定不能让优秀的员工吃亏。

为此，阿里采用两个考核周期，连续两次排在最末位的10%的员工才会被直接开除。其中，年度考核两年进行一次，季度考核每两个季度进行一次。将考核周期拉长，是因为员工的行为具有不确定性，可能会随着时间、环境、市场等因素的变化而改变。拉长周期可以得到更准确的、更公正的考核结果。

所以，对于10%员工的处理，挑战最大的还是管理者。管理者一定不能做"老好人"。对待10%员工的管理核心是："**心要慈，刀要快**""不教而杀谓之虐"。

在开除这位员工的时候，管理者一定要先问自己：我在这个人的成长过程中做了哪几件事？

如果你能准确地回答，那么说明你已经全力以赴了；如果你不能回答，那就是"不教而杀谓之虐"，这意味着该"杀"的不是员工，而是管理者自己。如今，员工在团队里最大的危机就是当他不会工作时没有人教。

管理者需要注意的是，阿里的"271"制度是采取员工自我评估与管理者打分相结合的模式。当考核成绩在 3 分以上或 0.5 分以下时，必须罗列具体的案例来解释打分的原因，否则考核成绩不被承认。当管理者给员工做完考核后，要和他们进行沟通，讨论绩效中存在的问题。如果员工觉得不公平，可以向 HR 反映情况。HR 会检查管理者对该员工的考核内容，进而判断这个成绩是否公平合理。

"271"制度执行不下去，员工一走走一片，怎么办？

在为企业服务的过程中，我经常听见很多管理者略带委屈地问我："我们也向阿里学习了'271'制度，但是执行不下去，员工一走走一片，怎么办？"

其实，这不是绩效考核能够解决的问题。你需要问自己一些问题：

作为管理者，为什么要做绩效考核？是否有必要进行考核？

员工离职，是管理的问题还是绩效考核的问题？

通过这两个层面的问题，管理者可以从以下两个方面具体分析"271"制度实行不下去的原因：

其一，管理者可以判断出企业是否需要做绩效考核，"271"制度是否符合公司的实际情况，是否需要更改绩效考核的方式等。

其二，在管理者确定了企业需要做绩效考核，且"271"制度是最适合的方式时，可以分析是否因自己的管理问题使"271"制度执行不下去。在分析时，可以考虑工作量、工作目标、工作内容等方面的因素。管理者如果确定了影响"271"制度运行的因素，就要开始考虑解决这一问题的方法。

正所谓"金无足赤，人无完人"，世界上并没有十全十美的绩效考核制度。"271"制度也不例外，但仍然有很多企业在使用，例如阿里。因为这样的考核制度将考核透明化、具体化，可以帮助每一位员工精确地定位，并提供方向上的引导。通过"271"制度可以让不适合企业的员工去寻找新的发展平台，从而将更多的资源分配给优秀的员工，在帮助员工成长的同时，也促进企业向前发展。

管理者练习 / 根据"271"制度，把你团队里的人分成"2""7""1"，并根据业绩进行打分。

5.4 开人第三步：离职面谈——"TRF" &"情理法原则"

通过前面几个步骤，我们基本上就能确定要开除的人选了，那么接下来，管理者要做的就是开人第三步：离职面谈，让不合适的人离开。

说到离职面谈，恐怕很多管理者都觉得是老生常谈的事了。但从我近几年培训过的企业来看，很多管理者为了充当团队里的老好人，或是因为面子问题而不好意思解雇员工。更有甚者，在离职面谈的过程中，不仅没能让员工成功解聘，反而把自己弄的"猪八戒照镜子——里外不是人"。

管理者的于心不忍并不能为团队带来好的发展，也不能为自己带来好人缘。因为这类员工本就不适合留在团队里，且经过离职面谈后，他们在心理与行为上必然会产生消极情绪，这样一来势必会影响团队中的其他成员。

这些都是管理者应该避免的。换言之，如果一个管理者在三年内没有开除过一位员工的话，那么，他的管理力就是缺失的。正如阿里所说：小公司的成败在于你聘请什么样的人，大公司的成败在于你开除什么样的人。作为企业的管理者一定要对得起好的人、对不起不好的人，让不适合团队的人离开。

历史上有个堪称经典的离职面谈案例，就是三国演义中有名的典故"徐庶走马荐诸葛"。送走员工，但却得了一个堪称不世之才的接任者。

三国时期，刘备最器重的谋士徐庶的母亲被曹操扣留，担心母亲安危的徐庶不得不向刘备提交辞呈。刘备为了留住徐庶，再三找他面谈，言语真诚、感人。但徐庶是一个孝子，为了母亲决意去曹营。在徐庶离开的时候，刘备进行了最后一次"离职面谈"。他不仅真诚地挽留了他，还为徐庶牵马，送了一程又一程。最后在离别之时，刘备还抱着徐庶大哭了一场，把徐庶感动得热泪盈眶。

徐庶道别走了几里后，因为感恩于刘备对自己的重视，忽然想起自己有一个很好的谋士人选——诸葛亮，于是急忙赶马回来向刘备推荐了诸葛亮，并向刘备立誓终生不为曹操献一谋。

不得不说，刘备是一个很好的管理者。

离职面谈既是暴露和反馈企业管理痛点、难点的一条重要渠道，也是考验管理者段位的一扇窗口。像刘备这样高段位的管理者的确是将"离职面谈"的效果发挥到了极致。

那么，管理者要如何才能做好离职面谈呢？我给大家提供三个方法。

TRF 原则

TRF 原则是当初阿里高层参加博鳌论坛的时候，时任美国国务卿鲍威尔提到的领导力的三法则：Train him, Remove him, Fire him。意思就是培训他、撤换他、开除他。对于领导力的三法则，阿里是非常推崇和认可的，并将其很好地运用到了阿里的管理中，而这就是阿里在人才管理上的 TRF 原则。

TRF 原则根据具体情况可分成三种类型：

- Train——能力跟不上的，以培训为主，提升业务能力；
- Remove——能力和岗位匹配有问题，更多地采用转岗的方式，为人才打开发展空间；
- Fire——经过组织和员工个人的努力之后还是无法提升绩效，一定要请这类人离开公司，这既是为团队好也是为了员工个人的发展考虑。

阿里在人才管理上的 TRF 原则，主要是针对初入职场的"小白兔"。因为阿里认为"小白兔"有可能是放错位置的"明星"。对于价值观与阿里相符的"小白兔"，阿里会给予他们一些机会，帮助他们不断地提升自己的能力，使他们得到更多的成长机会。这就是"Train him"原则。

如果是岗位匹配问题，阿里就会实行"Remove him"这一原则，即将"小白兔"调职到适合他的岗位，帮助其提升业务能力。

但经过组织和个人的共同努力之后，如果小白兔在业绩上还是没有提升的话，阿里会选择"Fire him"，即解聘。为什么？因为"小白兔"人缘好、讨人喜欢，具有极强的"传染"能力，也就是说，一个人不作为很快就能传染到一群人不作为，最后形成"兔子窝"，霸占着岗位、资源和机会，企业如果不加以控制，任其肆意蔓延，就会造成整个管理体系和人力资源工作失控的危险。

阿里的管理者在执行 TRF 原则时，一直坚持着以下两点。其他企业的管理者可以借鉴阿里的做法，在最大程度上发挥 TRF 原则的作用。

一是管理者要有坚定的立场。管理者在开除人的时候，不要犹豫不决，这样很可能错失良机，为企业带来更多的损失。例如在解聘"小白兔"式员工时，管理者如果还抱着"没有功劳，也有苦劳"的想法，再加上有众多员工为其求情，就很容易动摇决心，改变立场。等"小白兔"们壮大后，就为时已晚了。管理者要时刻牢记自己是绩效管理的决策者，不能因为"耳边风"而更改决策。

二是管理者应该公正、真诚且充满善意地提出建议。"一碗水端平"应该是每一位管理者遵循的原则。在离职面谈时,管理者不能因"裙带关系"而降低要求。管理者应该一视同仁,在离职面谈时及时发现问题,并真诚地为其提出解决问题的建议。放任纵容是掺了蜜的毒药,让员工误以为是善意,其实是捧杀。

做事法理情,对人情理法

所谓情理法原则,是说管理者在遇到团队成员的去留问题需要决策时,应坚持法理还是情理?这是一家企业懂人心、识人性的标准。在阿里,我们使用的是情理法原则。正所谓:说法不如道理,道理不如谈情。尊重人性的本源,释放每个人的自由才能让离职面谈更加顺利。

在具体实施过程中,有两个要点:

一是进行感情沟通。给员工充分表达的机会,让他讲出自己的障碍和痛苦,帮助员工分析工作中出现问题的原因。沟通的重点是将心比心,管理者要理解员工的障碍和痛苦,但这不代表要认同他的做法。同时要询问员工有哪些困难是别人可以协助的,然后再给予必要的支持和理解。

二是给员工讲清道理。管理者在离职面谈中要给出明确的制度依据,让管理行为能服众,切记不能以管理者的个人喜好为评判标准。同时在管理工作中最重要的就是要保证:"No Surprise"和丑话当先。不管是绩效好的员工还是绩效差的员工,一定要在绩效管理的过程中把每个员工的绩效详详细细地说清楚。

管理是动态的,沟通是随时的,要奖励一个人必须马上奖励,要让"明星"式员工在整个考核的过程中知道自己是团队的"明星",然后在过程中不断树立榜样作用。对待10%的员工也要及时地批评和惩罚,让这些员工存在危机意识,让他们不断地进行自我激励,学习提高,而不是到最后凭借一次打分决定员工的去留。

三是要在法律上站得住脚。即便是解聘，对于信息的收集也要基于事实，力求客观全面。每一步的沟通都要有书面确认，处理时不能感情用事，避免"祸从口出"，让公司陷入被动。对于因非原则性问题而离职的员工，管理者可以给员工提供一些帮助，比如推荐一些合适工作。

换句话说就是将理性与感性结合，以法律为落脚点，从企业的实际出发就是理性的表现，用情感沟通是感性的表现。也许今天被开除的员工会成为未来的合作伙伴，管理者要做到好聚好散，有缘再见。

总之，管理者在与员工进行离职面谈的过程中，一定要清楚地知道：不合适的人具有传染能力，会形成病毒效应，给公司发展造成不利的影响。基于此，管理者一定要让不合适的人尽快离开；对于"小白兔"，可以效仿阿里的 TRF 原则，实在提升不了的，"心要慈，刀要快"，避免拖泥带水带来负面影响；离职面谈中要学会使用情理法原则，先情感沟通，再讲道理，且最重要的是所有的沟通谈话内容一定要在法律上站得住脚。

离职面谈的落地操作

对于管理者而言，离职面谈的目的有三点：

一是争取让该留的人才留下；

二是让不愿留下或不该留下的人才开心地离开；

三是获得离职员工的真实心声，让公司管理中的痛点和难点暴露出来。

所以，对于如何做好离职面谈，把 TRF 原则和情理法原则落地到具体的操作层面非常关键。

一是离职面谈问题的设计。管理者离职面谈时谈哪些内容呢？以阿里为例，离职面谈内容为以下五个主题：

- 了解其离职原因；

- 询问其是否愿意接受内部调动和轮岗；
- 了解其对公司、部门、岗位相关的改善建议；
- 对于签订保密协议、竞业协议的核心员工需明确离职薪酬、补偿结算标准以及竞业限制的权利及义务；
- 介绍离职程序，给予其机会咨询相关问题。

二是面谈时间和地点的安排。面谈时间有两个时间点：第一个时间点是得到员工离职信息时，此时安排面谈可以及时了解情况，有助于挽留员工（当然这个员工应是绩效考核合格，值得挽留的员工）；第二个时间点是确定员工要被开除之后，此时员工已无任何顾忌，更容易说出真话和有效建议。

面谈地点应选择能够让人精神放松的地方，这样可以让员工在无拘无束的情况下自由地谈论问题。由于离职面谈的特殊性，面谈地点应该具有一定的隐私性，避免被其他员工知晓或面谈过程被打断和干扰。

三是面谈人员的选择。阿里的离职面谈是采取管理者与员工一对一、"政委"在一旁协助的模式。这样的模式能够让管理者集中精力在面谈过程中做出更为细致、准确的判断。

四是面谈内容。针对不同的员工，离职面谈的内容侧重点也不同。面对"小白兔"式员工，管理者要侧重于激发他的进取心，并提高对他的要求。否则他将会成为排名最末的10%；面对"野狗"式员工时，要侧重于传递企业价值观，避免让"农夫与蛇"的故事在现实中上演；面对"牛"式员工时，要侧重于传递希望，提升他们的内驱力；面对"明星"式员工时，管理者要在他们看到问题的时候给出希望，在他们充满希望的时候看到问题。这样才能让他们做到不骄不躁，起到真正的模范作用。

五是反馈与总结。阿里离职面谈中最重要的环节就是反馈与总结，这对于其他企业也同样适用。在反馈时，既要有负面反馈，也要有正面反馈。在进行负面反馈时，要客观、准确、不指责，要对事不对人；在进行正面反馈时，要让明星员工在整个考核过程中知道自己是团队的"明星"，然后在企业中不断树立榜样作用。在进行反馈与总结时，管理者要考虑这些信息是否具有建设性与针对性，否则就是无效的反馈与总结。

离职面谈是以人为本的一种体现，既是对离职员工的抚慰或挽留，又是对在职员工的心理安慰，减少员工离职给在职员工带来心理波动。管理者不应该把员工离职面谈看作是一种包袱或例行公事，一个好的离职面谈体系和态度可以体现出一家企业的文化，像百度的百老汇，其最大特色就是注重产品和技术研究过的公益组织；阿里的前橙会，为阿里系创业者与创投机构、天使投资人牵线搭桥等，肩负培养未来中国 200 强 CEO 的重任；腾讯的南极圈，腾讯体系化管理离职员工的推手等。BAT 企业的"离职圈"生意无不向业界传达着他们与众不同的企业文化。

管理者练习

管理者三问：
1. 找了谁？
2. 带出了谁？
3. 开除了谁？

第 6 章

建团队：在用的过程中养人，在养的过程中用人

伟大团队的定义是：平凡的人在一起做不平凡的事，并且不要让团队中的任何一个人失败。

6.1 团队意义：
一群有情义的人做一件有价值的事

阿里的团队，总是让人心向往之。2017年6月，阿里在杭州与获得他们出资的奖学金的年轻人交流。阿里直言，真正让他们为之骄傲的，不是阿里如今已经取得的胜利，而是创造了这份胜利，并从胜利继续走向胜利的这群人。成就阿里的不是阿里某一个人，而是一个团队。

你公司里的那些人，是团队还是团伙？

我在阿里工作9年，之后创业4年，走出阿里后我接触了很多的企业，在为他们做管理和文化方面培训的过程中，看到很多企业的团队，比如销售团队、技术团队，都不能称之为团队。准确地说，称其为"团伙"更贴切。因为我在这些人身上没有看到一个团队应该有的样子。

通常，我们把"团伙"这个词理解为"为了利益聚集在一起的人"，它在日常语境下是贬义的，很容易让人联想到"犯罪团伙""团伙作案"。与"团伙作案"紧密联系在一起的是：就地分赃、分赃不均、窝里乱斗等。"团伙"中的每个人都在盘算自己的利益，有利则合，无利则散。

临时性、不稳定、不长久是"团伙"的主要特征。

第 6 章
建团队：在用的过程中养人，在养的过程中用人

不可否认，从短期效益来看，一个"团伙"的人数甚至绩效会出现快速增长，因为有一个清晰的利益性诱因，"团伙"很少进行人才筛选，通常都是人员加入之后再进行自然淘汰。

然而，"潮退后才知道谁在裸泳"，一旦失去或者完成短期利益目标，接下来不是陷入"无利则散"，就是陷入"混乱内斗"的境况。很多"团伙"就是因为利益分配不均而出现内部纠纷，最终分崩离析。

那么，什么是团队呢？

管理学家斯蒂芬·P·罗宾斯认为：团队是由两个或者两个以上的，相互作用、相互依赖的个体，为了特定目标而按照一定规则结合在一起的组织。

这样的说法显得生硬而且不易理解。

阿里对团队的定义是：**一群有情有义的人，做一件有价值、有意义的事。**

比如，阿里的"中供铁军"就是一支名副其实的"铁血团队"。在阿里内部，按照公司的发展周期分成了"中供系""淘系""支付系"三个主要的团队。"淘系"团队对应的是淘宝、天猫等电商业务平台；"支付系"团队对应的是支付宝，这些都很好理解。而"中供系"则是一支非常神秘的团队，它是阿里早年困窘不堪的时候为了造血而诞生的 B2B 业务组织。

"中供铁军"这支以强硬著称的直销团队中涌现了大量风云人物，后来他们陆续从阿里离职，出来创业，所作业务几乎占据了互联网江湖的半壁江山。"中供铁军"成立于 2000 年 10 月，它帮助阿里走出最低谷，熬过了世纪之交的互联网寒冬，并为阿里和互联网江湖输送了众多高管。

当年的"中供铁军"战斗力非常强，定的目标拼死也要完成，

业务员每天拜访十几个客户,即使遇到客户公司的保安阻拦,也要想方设法见到客户,几个人挤在一个小房间吃泡面……现在的互联网人,恐怕很少有这样的铁血精神了。这群人用后来的成就,证明了当年所吃的苦都能换回巨大的回报。

这群人之所以能够帮阿里"打下半壁江山",是因为他们的心在一起,有着共同的理想和目标。这就是团队,这就是一群有情有义的人,在做一件有价值、有意义的事。我们常说,人在一起叫聚会,心在一起叫团队。**一个团队首先心要在一起,只有心在一起才能有共同的思想、共同的目标。**

不是每个由员工和管理层组成的共同体都叫团队。团队和团伙最大的区别就在人心。**行正道,得人心者,才能持久发展,走向成功;只为私利,不得人心者,必将失道寡助。**

看到这里,请管理者停下来仔细思考一下:你们公司里的那些人,是团队还是团伙?

一群有情有义的人,做一件有价值、有意义的事

知道了什么是团队后,接下来,我们来具体了解一下阿里对团队的定义,以及一个团队应该是什么样的。

作为"中供铁军"中的一员,我对"一群有情有义的人,做一件有意义、有价值的事"这句话体会很深。这句话虽然简单,但是它带给我们的信息量很大。

"有情、有义""有价值、有意义"这样的话我们听过很多,但对于管理者而言,我们要去思考其真正的含义,并且学会把它分解。

❶ 什么是"有情、有义"?

"有情"是大到愿景使命,小到兄弟之间的感情;"有义"是

我们的道义、我们的规则、我们的底线。一个"有情、有义"的团队必定有着彼此信任的基础。

我在带团队时，经常会向我的团队分享这样一个故事：

NBA有一支非常著名的球队——圣安东尼奥马刺队，这支球队取得过非常辉煌的成绩。这支球队里有三个核心人物，叫作"GDP组合"。2013年NBA总决赛时，球队的核心成员蒂姆·邓肯已经40岁了，打完这届总决赛就要退役了。这场球打到最后一分钟的时候，圣安东尼奥马刺队还落后4分，这时球队的教练波波维奇叫了暂停。按照以往的经验，教练叫暂停时，会详细地布置战术，比如谁来投篮，谁来挡拆等，但这次暂停，老教练没有进行任何的战术布置，只是对球队的所有成员说了这样一段话：

我们在一起打球20多年了，这有可能是我们的最后一战。到球场上，把自己的后背交给你的队友吧！

这就是"有情、有义"——彼此信任，敢于把你的后背交给你的队友。只有这样，每个队友才能专注自己的领域，做到"1+1>2"。

除此之外，我觉得"有情、有义"还指的是团队之间彼此心灵的一种连接，这种连接并不单指团队成员之间的互帮互助，因为有些时候，为了达成一个目标，彼此的争吵也是"情义"。

团队彼此之间的互动方式，上下级交流的方式，同事合作的方式等，这些看似是沟通，其实也是团队里的"情义"。这包括团队成员之间的"小情义"，比如对友情的需要，对管理者回应的需要，以及在这家企业里工作能得到满足的需要。因此，阿里为了纪念员工入职的年限，制作了戴戒指的仪式感——"一年香，三年陈，五年醇"，目的就是为了回应员工在阿里的努力与付出，这是团队之间的"小情义"(见图6-1)。

图6-1 阿里"一年香"勋章

还有"大情义"。什么是团队的"大情义"?

比如我们在互联网企业,那么这个团队要热爱互联网;如果我们在餐饮企业,那么这个团队就要热爱餐饮,要为了企业存在的价值而存在,这就是团队的"大情义"。

❷ 什么是"有价值、有意义"?

"有价值"是我们创造了什么样的客户价值,给客户提升了多少效率、降低了多少成本;"有意义"是"有你而不同"。作为管理者,在"有价值"这方面大家都做得非常多,所以在这里我想着重谈谈"有意义"。

有意义,其实就是我们常说的打造团队氛围。一个团队的氛围应该是什么样的?

电视剧《兄弟连》里有一个场景:战争之后,一群受伤的士兵彼此搀扶着前行,这时画面一转,一个退役老兵的孙子问他:"爷爷,你是英雄吗?"

退役老兵说:"爷爷不是英雄,但是和爷爷一起战斗的所有战友，都是英雄！"

团队是什么？团队是英雄诞生的土壤，在这片土壤上，每个人都会成为英雄。这就是因为有你们而有意义。

因你而有意义，说的是个人对团队的认可和归属感，与团队同呼吸共命运。管理者要打造英雄的土壤，成就每个人。与此同时，管理者又应该让每个人的心中有团队、组织，以及共同实现的伟大目标。当有一天，你的队友们像对待他们的母校一样对待团队，甚至不允许任何一个外人说团队的坏话，团队的概念和意识才算是真正深入人心了。

说到这里，你能感受"一群有情有义的人，做一件有价值、有意义的事"的团队是什么样了吗？

用一句话总结就是：**彼此信任，共同拼搏，不抛弃、不放弃的团队氛围，加上深入人心的团队意识。**

你可能在心里感慨：这是多么不容易做到的一件事。确实如此，要打造出这样的"铁血团队"，需要非常能落地的"建团队"的方法，在后面的章节里，我将具体从思想团建、生活团建、目标团建三个方面来分享如何打造一支"铁血团队"。

管理者练习 / 管理者需要在自己的团队里调查以下两个问题。
- 你心目中的理想主管是什么样的？
- 你最无法容忍的主管是什么样的？

6.2 思想团建一：
统一的团队语言、符号和精神

去年我在为企业管理者做培训时，听到这样一句玩笑话：好挖百度人，难挖阿里人，易走腾讯人。

为什么阿里人难挖走呢？

答案就是：团建。

每一个在阿里待过的人都会深深地了解阿里有多重视团建。新人入职要团建、管理者上任要团建、员工生日要团建、员工工作一周年要团建、员工转岗要团建、员工离职要团建、员工业绩好要团建、女员工怀孕要团建、连员工家的狗生崽也要团建，甚至会因为好久没团建了也要团建……用一句现在比较流行的话来说就是：一言不合就团建。

没有什么事情是一次团建解决不了的，如果有，那就团建两次。

阿里的团建分为三个部分：思想团建、生活团建、目标团建。下面，我将从思想团建切入，着重讲"术"的层面。

正所谓"画龙画虎难画骨，知人知面不知心"，思想团建让许多管理者感到头疼。也有许多管理者在课堂上问我："员工的想法太多不好管，怎么办？"

其实，"想法太多不好管"这种说法本身就是错误的。有这种想法的管理者一般都不知道要管什么。如果一个管理者什么都想管，没有重点，那么自然管不好，也管不了，还劳心劳力。

那么，**管理者真正要管的应该是什么呢？答案是自己团队的语言、符号和精神，是愿景，是梦想，这样才能统一思想，让员工渴望去追求。**

思想团建就是跟员工讲使命、愿景、价值观，但是员工肯定不喜欢赤裸且直接的方式，所以管理者要去解读使命、愿景、价值观的本质。本质是什么？通俗地说就是带大家看远方、利他。德鲁克说过一句话，我深以为然：管理的本质就是激发一个人的善意和良知。

管理者只要带领员工看远方、激发善意和良知、利他，就是在做思想团建。思想团建的主要内容是让团队有自己的语言、符号和精神，包含了团队的名字和LOGO、团队成员之间彼此的专属称呼、团队独特的激励口号等内容。**这些是员工在日常工作中感知最深刻的内容，也是其他人感知你的团队的最好方式。**有了这些，团队就有骨血、有情绪、有自己的精气神。

那么，作为管理者，如何一步步地做好思想团建呢？我通过自己管理团队的实践经验，就团队的名字和LOGO这方面介绍一些经验，希望能够给你带来帮助。

带领团队所有人开会，确定团队名称

团队名称应该是由团队所有的人共同决定的，是团队凝聚力的体现。好的团队名称对团队有激励作用，并寄托着团队共同的目标、理想或者想法。

例如我在阿里带的四个团队的名称分别是："滨海时代""赢""大航海""大北辰"。这些团队名称都是由团队成员一同决定的。团队中的每个人都会想四五个名字，然后集体筛选、投票，团队成

员达成一致后确定。

"滨海时代"承载着每个团队成员希望通过自身的努力奋斗，为团队、企业的发展开辟一个全新的时代的追求；"赢"直接表现出团队成员的对争夺第一的渴望与必胜决心；"大航海"这个名字是因为团队建立在天津滨海，所以名字一看就与海有关系，而且一提到"大航海"，大家会联想到大航海时代开辟的新航路，团队名称寄托着团队的理想，即通过团队共同的努力，为团队的业务开辟一条新航路；"大北辰"这一团队名称的来源是团队成员的共同期望：众人齐心，再次创造辉煌，打造不败的王者传奇。

除了理想与目标外，企业、团队名称还承载着每一个成员对社会、对国家的使命，是责任感的体现。

这些承载着团队共同的理想、目标、社会责任、使命的团队名称，可以促使团队成员统一思想，使每一位员工能为团队的共同理想艰苦奋斗。

制作团队 LOGO

团队 LOGO 是一个团队、一个企业的核心元素，它不仅代表着团队、企业的形象，还是企业文化、价值观与精神的载体。团队 LOGO 就像是人的脸，呈现了整个企业、团队的精神面貌与健康状态。

例如阿里的 LOGO，主要是由一个字母 a 和一张笑脸构成，其中"a"代表着公司与员工共同的目标：将"a"做到"A"；笑脸则象征着阿里的微笑文化，即通过共同的努力让员工满意、让股东满意、让客户满意（见图 6-2）。能够直接展现企业文化与理念的 LOGO 才是好 LOGO。那么要设计出这样优秀的企业、团队 LOGO，有哪些注意事项呢？

图6-2 阿里巴巴的LOGO

简单醒目。LOGO是客户了解企业的第一内容,如果设计得过于复杂,将其做成"大锅饭",那样会使客户对企业的印象不深刻。大杂烩式的LOGO还可能会让新进团队的员工一头雾水,不明白LOGO的意义,也无法认同,从而让管理者无法通过LOGO进行思想团建。

例如阿里"大航海"团队的LOGO,这样的LOGO虽然简单,但是能够清晰明了地展示团队的精神面貌、目标以及共同的思想(见图6-3)。

图6-3 "大航海"团队的LOGO

独具个性。LOGO的个性来源于企业或团队的独特文化、价值观和管理者的管理方式,在结合时代特色的过程中,会形成鲜明的特色。员工每次看见这样的LOGO,就会下意识回顾企业的文化与价值观,使员工在潜移默化中认可并拥护企业文化。这就是思想团建的力量所在。

例如华为的 LOGO 由八瓣从聚拢到散开的花瓣组成，这种聚散的模式，不仅是希望华为能够蒸蒸日上，也表现出一种积极向上的态度，体现了华为公司"聚焦""创新""稳健""和谐"的核心理念。这样的 LOGO，也会在无形中促进员工用一种积极向上的态度去工作，去聚焦服务客户，用激情与活力去为企业的发展助力（见图 6-4）。

图 6-4　华为的 LOGO

稳定长久。优秀的企业团队 LOGO 必须具有稳定性，能适应社会的变化与公司的发展。不能每隔一段时间就换一次 LOGO，这样会降低员工的认可度，不利于团队的团结。

例如苹果公司的 LOGO，虽然在发展过程中经历了许多变化，但万变不离其宗。自 1977 年后苹果公司只对 LOGO 进行了颜色与质感上的变化，这是为了紧跟时代的步伐，将自己的企业文化与时代相结合，从而避免被时代淘汰（见图 6-5）。

图 6-5　苹果 LOGO 的发展历程

团队的 LOGO 是团队的象征，是企业的门面，因此在设计时应该考虑全面，不能只求全，而要求精。

把这张写着口号的图片贴到内部邮件的开头

将口号融入邮件的开头等场景中，可以反复地让团队成员阅读、记忆。

例如我在带领"大航海"团队时，我发每一封邮件时都会放上写着口号的图片，并且一定要放在最显眼的地方，让打开邮件的人一眼就能看到"大航海，这是我们的船"这样的口号。

除此之外，我发给团队里的每一条短信、每一封日报后面都会加上"大航海，这是我们的船"这句口号。在恭喜员工获得某项成就时，也在祝贺信息的末尾加上"大航海，这是我们的船"这句口号。这并不是硬性要求，但是慢慢地，团队中的每一个伙伴在发邮件、短信时，分享各式各样经验时，都会在后面加上这句口号。甚至当我们上台领奖时，别的区域的伙伴们会发自内心的恭喜我们："**恭喜大航海，这是你们的船**。"

重复是容易被管理者忽视的一个重要工具。对于你想要强调的事情，需要不断重复。你在不同的时间重复，用不同的方式重复。你现在也许知道了，为什么某些要点会在书中反复出现。管理大师肯·布兰佳曾经问赫曼·米勒公司前 CEO 德普雷："你认为领导者在组织中的角色是什么?"德普雷说："你得像个教小学三年级的老师一样。你必须一遍、一遍、又一遍地重复愿景，直到人们理解。"韦尔奇也强调重复："在领导力中，你必须夸大你做出的每一个声明。你必须重复一千次，并且适当夸大。所以，我会说这样的话：

'任何没有得到六西格玛绿带的人都不能升职。'这样的夸大其词对于撼动一个大组织是必要的。然后,你的人事变动必须支持你这个声明,来告诉大家你是严肃认真的。"

在这方面,除了阿里,小米也做得很到位。小米不仅将"为发烧而生"的口号放在内部进行传播,还让每个人在听到小米后就能想到它的口号。我们可以从小米的背景布置、每一次会议、公告、产品包装等位置发现这些口号。在不知不觉中让员工记住口号,了解这些口号,从而将口号变为行动,为客户提供更好的服务(见图 6–6)。

图 6–6 印有小米口号的快递袋

把 LOGO 放到内部沟通场景中

不论员工的士气高或低,管理者都需要在日常的管理过程中进行激励。激励能够提高员工的活性与工作热情。而将 LOGO 融入激励管理的场景中,能够加深员工的印象。让员工在潜意识里形成"是公司给了我如此好的待遇,我应该更加努力地工作,回报公司"的想法。当员工的这一想法彻底成型后,就会将公司发展视为自己的责任,更愿意为公司艰苦奋斗。

在阿里，有的团队为了激励员工，经常组织聚餐团建，其团建的背景都会有"阿里"的字样和LOGO，或者是能代表阿里的标志。这样的背景布置让整个团队有了归属感，为员工的沟通提供了一个更加舒适、温馨的平台，加强了成员之间的联系，增加了彼此的默契程度。从而让团队能够一条心，将"一面旗、一块铁、一个家"的团队精神落在实地（见图6-7）。

图6-7 阿里的团建现场

除了将LOGO放入团建活动背景中去，管理者还可以将LOGO放在企业的形象墙上。形象墙是企业对外展示企业实力、对内进行文化熏陶的重要工具。形象墙一般会设置在公司最显眼的地方，这样会使每一个员工在路过时都会下意识地驻足观看，达到"润物细无声"的目的。

把LOGO放到客户沟通场景中

LOGO是客户了解企业的重要渠道，将LOGO通过一切方法传递到客户眼前或者将其融入与客户沟通的场景中，是扩大企业影响力的重要方法。

我作为"大航海"团队的管理者，将不断推出的海报、开展各种活动、宣传总结复盘等过程中产生的各式各样的文章资料传递给客户时，无一例外都会加上团队的 LOGO 和口号——"大航海，这是我们的船"。通过这种潜移默化的形式不断地在团队内部强调口号，慢慢地让这句口号在伙伴们心里扎根，最终形成我们的团队文化，并将这种文化以团队为中心辐射周边客户，不断提升对客户的影响力。

展示海报等视觉性的资料，是企业与客户沟通的重要渠道，管理者要灵活地将 LOGO 融入这些资料之中。例如在天猫精灵的新品发布会时，将其 LOGO 放入宣传海报之中，让客户一看到这个 LOGO 就想到了天猫。

可能会有些管理者认为将 LOGO 放到与客户的交流环境中对团队思想建设没有用，他们认为团队的思想建设应该是针对团队成员的，而不是客户。其实这样并不准确。只有让客户更加认同企业、团队的 LOGO 或文化，才能提高企业、团队的影响力。这样会让员工为企业感到自豪与骄傲，增强员工对企业、对团队的归属感，增强员工的集体荣誉感。阿里现任 CEO 张勇认为"胜利是最好的团建方式"，正是考虑到了集体荣誉感这一因素。获得客户的信任与认可，也是思想团建的一部分。

一个简单的名称、一张简明的图片、一句简洁的口号，以及上文介绍的五个步骤，最终形成统一的团队语言、符号和精神。

管理者要想建团队，想让一个团队凝聚起来，鲜活起来，并且有人气，就要有共同的语言、共同的符号、共同的精神，要通过一个团队共同的经历和故事，去沉淀你们的团队文化。思想团建没有秘诀，如果要说有的话，那就只有一个：坚持说、反复说，最忌讳的就是半途而废。

管理者练习

请管理者组织团队成员开一次会,会议的主题就是"统一团队的语言、符号和精神"。要求:

1. 和团队成员一起给自己的团队取一个名字;
2. 和团队成员一起给自己的团队做一个LOGO;
3. 通过邮件、微信的形式把这个名字和LOGO发给每一个人;
4. 在以后的沟通中,不管是内部沟通,还是与客户沟通,都要不断地重复团队的名字和LOGO。

6.3 思想团建二：
把我的梦想变成我们的梦想

任何团队的终极目标都是赢得梦想、完成愿景。管理者进行思想团建，就是为了唤醒员工赢的本能、创造赢的状态、实现赢的目标。这一过程分别对应着拥有梦想、汇聚梦想、完成梦想这三个步骤。**一个团队思想团建的最高水平，就是把我的梦想变成我们的梦想**。这是每个管理者都渴望达到的目标。

对于管理者提出的"如何将我的梦想变成我们的梦想"这一问题，阿里有三句话分享给大家。

第一句话：管理者自己要有清晰的梦想和愿景，要全然地相信梦想，更要怀着饱满的激情去追求它

只有这样才能感染员工，让他们把团队的梦想视为自己的梦想。共同的梦想是团队的驱动力，能够增加团队效率、提高业绩。

管理者可以通过下面介绍的"灵魂三问"，来确定自己是否做到了这一点。

❶ 我有清晰的梦想和愿景吗

清晰的梦想与愿景是如今团队所做一切的出发点。管理者的梦想与其身上的特质几乎决定了这支团队的特质。

我带的第一个团队"滨海时代"就具备一颗冠军的心，团队的

口号是：滨海时代只做第一。我通过团队符号、团队思想与故事等，时时刻刻给团队伙伴传递这种冠军信念。正所谓今天没有做第一的心，就一定没有做第一的命！梦想与目标是驱动力，管理者要想成为第一，除了要有一颗冠军的心，还要拥有梦想。

正所谓"王侯将相宁有种乎"！在阿里创建之初，阿里高层提出了要让阿里再"活"80年，将阿里打造成全球前十名网站的梦想，在为这个梦想努力的过程中，阿里也走过不少弯路，但他们始终坚信"因为理想，所以看见"。2014年6月，阿里正式在纽约交易所挂牌交易，股票代码为"BABA"，成为美国史上融资规模最大的IPO（首次公开募股）。阿里能获得这样的成就的起始点就是阿里高层们的梦想。管理者拥有了梦想才会拥有方向。正如网络上流传的一句话：梦想还是要有的，万一实现了呢？

❷ 我全然相信梦想吗

大脑决定手脚，作为管理者，拥有坚定的信念才能带领团队向一个明确的方向努力奋斗，才能让梦想成为达成目标的驱动力。

全然地相信梦想，是每一个合格的管理者都必须做到的事情。曾经有许多管理者问我："王老师，你在阿里收获最多的是什么？"思来想去，见证梦想成真并且参与了梦想实现的过程是我在阿里最大的收获。这个收获让我真正发自内心的相信梦想。十年前，阿里的一些高层还曾在天津和我们坐在一起吃饺子，而现在的他们已经不是当年的"吴下阿蒙"了；八年前，程维还曾和我们一起开会，如今他已成为优秀的企业家。经历过这些变化后，我发自内心地相信梦想。

带有坚定信念的管理者是企业、团队的主心骨，不仅会让自己向更好的方向发展，还会促进企业向上发展。

❸ 我饱含激情地去追求梦想了吗

管理者在明确了梦想后,还需要用实践行动去证明自己在追求梦想,这样才能去感染、鼓励每一个员工。

思想团建就是通过物理的接触行为促成化学反应。管理者在饱含激情去追求梦想的过程中,会取得许多激励人心的成就,赢得大大小小的胜利,这会让团队成员在接触到管理者的梦想时,产生共情,将一个人的梦想变成共同的梦想。

站在梦想的肩膀上,做行动上的巨人是管理者必须坚持的原则,这在阿里曲折的上市之路上表现得淋漓尽致。在 2013 年被港交所拒之门外后,2014 年阿里终于成功地在美国挂牌交易。阿里用 15 年的时间将上市市值从 50 万元提升至 2 300 亿美元。在这个过程中遇到许多困境与挑战,但阿里并没有退却,而是满怀激情地去实现上市之梦,还不断地鼓励员工为梦想工作。在高层管理者的带领下,每一个员工都将企业的梦想作为自己的梦想与使命,并为之共同努力。

华为同样重视管理者追求梦想的实践行动。2015 年,任正非将一张芭蕾舞的照片作为华为的广告(见图 6–8)。这张照片的拍摄者坚持拍摄了 30 年的芭蕾舞,任正非认为这样奋力追求梦想的精神是华为与他的真实写照。罗曼·罗兰曾说:"人们总是在崇尚伟大,但当他们真的看到伟大的面目时,却却步了。"任正非在看见伟大的梦想后并没有止步,而是不断地去激励员工为了共同的梦想做出实际行动,并且将自己的实践行动作为每一个员工追梦的表率。

图 6-8 华为 2015 年的广告

我在带领"大航海"等团队时,也相信梦想。刚开始,我跟团队伙伴们说我相信梦想,他们都低下头,认为有些可笑。在之后的两年间,我不断地在早会、日常沟通,甚至在聊天的过程中去传递梦想,并用行动去追求梦想。这样的坚持感染了团队伙伴,他们甚至也会在开早会时,写下自己的梦想。

优秀的管理者会将他身上的激情带给身边的人,让整个团队不由自主地跟上他的前进节奏。管理者只有在饱含热情的状态下,才能让团队和客户更愿意相信你为他们描绘的未来,这样他们才会敢于去实现梦想。

第二句话:要和你的团队共享愿景而不是愿景共享

除了上文介绍的"灵魂三问","**要和你的团队共享愿景而不是愿景共享**"是阿里分享给管理者的第二句话。要理解这点内容,首先就需要管理者先明白"愿景共享"与"共享愿景"的区别(见表 6-1)。

表6-1 愿景共享与共享愿景的区别

区别点 \ 愿景	愿景共享	共享愿景
愿景的来源	管理者的愿景与梦想	所有员工共同的梦想
驱动方式	管理者用自身的激情感染员工、驱动员工	共同梦想的驱动
实现效果	无法保证	效果较好

从上表中可知,**愿景共享字面的意思是管理者拿出自己的愿景跟团队伙伴共享,想让团队跟他一条心**。这是目前大多数管理者都爱用的方式,虽然有效果,但是效果的好坏无法保证。因为不管在什么时代,会为了别人的梦想和愿景去全力以赴的人寥寥无几。管理者想要"士为知己者死",就要先全力以赴。梦想是天赋与热爱的最高表现形式。愿景共享就是管理者将梦想赋予员工。

而**共享愿景的意思是愿景是大家的,大家共享并且一起去达成这个愿景**。这样的愿景不是管理者赋予的,而是员工在接纳企业文化与价值观的过程中,产生的具有共性的梦想。这个过程就是把我的梦想变成我们的梦想的过程。那么怎样才能实现共享愿景呢?

阿里组织能量图里面有一句话叫共同看见。管理者一定要引领团队去实现团队共同的目标。在阿里,不管目标是1 000万元还是一亿元,都不是管理者一个人的目标,管理者需要做的就是让每个员工看到这个目标,即共同看见让每个员工在实现共同目标的同时也能收获各自的利益。通过共同看见,可以促进团队形成一种"生成一系列战略——团队执行和客户反馈——改进战略"的良性循环。

除了共同看见,管理者还需要帮助每个员工将个人愿景与团队愿景进行深度对接。在这个过程中,让我的梦想变成我们的梦想,需要通过团队符号、团队经历、团队思想和团队故事汇聚成我们的梦想。

各大企业在进行思想团建时,都会帮助员工将个人愿景与团队愿景统一。例如阿里团建时,安排的"狼人杀"游戏,就是为了唤醒员工的"狼性",在让他们产生"赢"的欲望,而"赢"也是每一家企业、团队的梦想。通过思想团建活动,可以让员工们共同坚持梦想,随时随地庆祝胜利,不断地帮助团队赢得胜利。这种过程就是一个不断打胜仗的过程,从胜利走向另一场胜利,用一个一个小胜利铸就整体的大胜利。这也是最有效的思想团建。

第三句话:如果可以的话,去把你的团队带成命运共同体吧

管理者要想让员工与企业命运相连、荣辱与共,就必须将企业中的每一个人都变成"一根绳子上的蚂蚱",换句话说就是**"把团队带成命运共同体"**。美国电视剧《兄弟连》就很好地解释了"命运共同体"的概念:同甘共苦,为共同的目标努力奋斗。

你的团队是利益共同体、事业共同体还是命运共同体呢?

利益共同体以利益为纽带将员工联系起来,在公司面临较大的挑战时,利益共同体可能立刻瓦解,员工纷纷"大难临头各自飞"。管理者想让团队一条心,光靠利益是不行的。事业共同体就是通过建立合伙人制度,实现价值共创、风险共担、收益共享的团队机制。事业共同体加强了员工与企业、管理者之间的联系。命运共同体包含了利益共同体与事业共同体,是通过引导员工建立文化认同、企业忠诚、创业激情与工作热情,实现企业发展与个人利益的团队机制(见图6-9)。

阿里的"铁军文化"就是创建命运共同体的表现。阿里认为：一个人卓越，造就不了一家卓越的公司；一群人卓越，才能造就一家卓越的公司。而卓越的核心是一家公司和一群人的认知升级，否则不可能上新的台阶，只会陷入死循环。换句话说，"铁军文化"就是阿里的思想团建成果。

图6-9 利益共同体、事业共同体、命运共同体之间的关系

以上就是思想团建的所有内容，如果管理者能够像阿里一样，在思想团建方面做到极致，最终也会取得团队的胜利。作为管理者，在思想团建的过程中，要做的工作就是唤醒。员工本来就想赢，管理者只是唤醒了员工赢的欲望——这就是思想的团建，带领他们看远方。

管理者练习

管理者需要带着自己的团队做"灵魂三问"，然后带着团队成员一起分享各自的梦想。

1. 我有清晰的梦想和愿景吗？
2. 我全然地相信梦想吗？
3. 我饱含激情地去追求梦想了吗？

6.4 生活团建一：三个关键点

说到生活团建，我在朋友圈经常能看见两种生活团建的场景：

一是某公司组织旅游活动，拍了一些照片发到朋友圈，配上几个字："××公司团建"；

二是某公司组织员工集体聚餐，拍几张大家举着杯子的照片发到朋友圈，配上几个字：团队一家亲。

管理者开展的旅游活动、吃饭、喝歌当然属于生活团建的内容。但请管理者认真地思考一下：你的生活团建达到团建的目的了吗？

在为企业做管理培训时，我常常会问一些管理者："你们觉得生活团建有用吗？"

大多数管理者思考一会儿，都会摇摇头。有的管理者说每次出去吃饭、喝歌时，大家吃完、喝完就各自回家，想要解决的问题第二天依然会出现；有的管理者说组织员工爬山、踏青，本想让团队培养凝聚力，没想到反而听到员工抱怨说："跟同事出去爬山，还不如在家睡觉……"

为什么会出现这样的情况呢？做生活团建的想法是正确的，为何渐渐把团建做成了形式——为了做团建而做团建。

能玩到一起，才能干到一起

究其根本，是因为管理者在做生活团建前没有明确做生活团建的目的。生活团建不仅是为了把大家聚在一起吃饭、聊天、爬山。

阿里说:"**能玩到一起,才能干到一起**。"工作的激情源于生活,工作优秀的人不见得生活精彩,生活精彩的人工作必定杰出。工作优秀的人,往往只体现了自身一个方面的价值,但其在工作中总会有这样或者那样的不足,其不足即是生活所带来的"先天营养不良"。生活精彩的人,往往每个生活的细节都精心打理,所以其对工作中的每个细节问题都能合理解决。

一个不热爱生活的人也很难快乐工作,只有能够玩到一起,才能够真正地干到一起。**合格的管理者,要能够让员工快乐工作**。只是,管理者需要注意的是,"玩到一起"的"玩",并不是随意地玩,而是要带着大家有目的地"玩"。所谓"起心动念"说的就是这个意思,管理者在做生活团建时,起什么心,动什么念,就会得到什么样的结果。

一次好的生活团建至少要达到以下三个目的:

- 能打造一个有温度的团队,让团队成员之间彼此能感受到温暖;
- 能让团队成员之间彼此共情,有情感的连接,能够把内心最深处的东西呈现出来;
- 能打造一个有凝聚力的团队,让团队形成凝聚力。

生活团建的价值是创造赢的状态,这个前提是团结,团结的原因要么是一起生活,要么是有共同的经历。作为管理者,要想办法让团队共同经历一些事(这些事可以是吃饭、唱歌、爬山、聊天等),如果一个团队的共同经历太少,是不太可能沉淀出感情好好"打仗"的。

比如,我在阿里带团队时,曾经就把整个团队拉到健身房做动感单车运动。劲爆的音乐加上一直在调动情绪的教练,极致的体能挑战,使大家大声鼓励彼此,练完之后一起躺在地上,那种感觉真的很棒,大家的心莫名就近了,生活团建的价值就是通过物理的接触方式达到化学的反应。团建的本质源于生活。

那么,管理者要如何做好生活团建,达到团建的目的呢?在阿里,做好生活团建有三个关键点(见图6–10)。

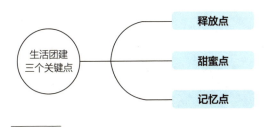

图6–10 生活团建的三个关键点

释放点:让团队成员互相"裸心"

做好生活团建最关键的一点是:把团队成员的真情实感释放出来。而要做到这一点,前提就要"裸心",管理者要让团队成员能够彼此"裸心"。

所谓"裸心",就是让彼此走进对方的内心。如果团队成员之间没"裸心",就很难扣动员工的心灵扳机,把他们的真情实感释放出来,这一点对于生活团建非常重要。

在前面的章节里,我说过阿里有"裸心会"的机制,为的就是让员工和管理者能够敞开心扉聊天谈事,讲讲自己是如何成长起来的,只有管理者了解员工的故事,才能真正认识他。阿里"裸心会"的逻辑是,团队成员要把自己的内心敞开,把自己心里最真实的东西放在团队里互动和流动,只有敞开心扉,才能够相互包容和彼此接纳,团队只有充分信任,才能共同做事。

事实上,"裸心"并不是阿里独创,它是有管理理论支撑的,其背后的原理来自于"约哈利窗"理论(见图6-11)。

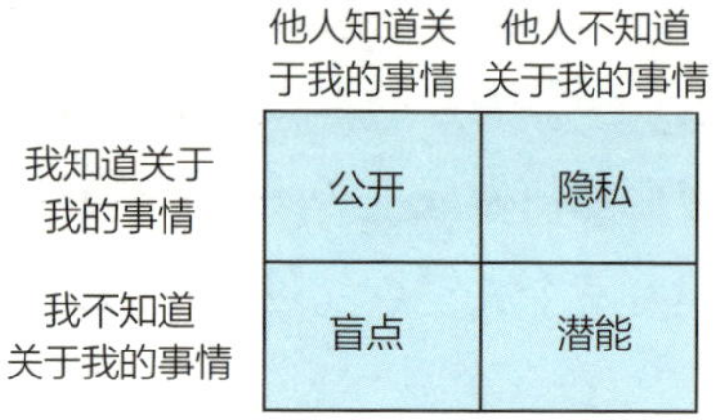

	他人知道关于我的事情	他人不知道关于我的事情
我知道关于我的事情	公开	隐私
我不知道关于我的事情	盲点	潜能

图6-11 "约哈利窗"理论

应用"约哈利窗"理论,是为了让管理者通过"裸心"找出团队成员的信息盲点。根据"约哈利窗"理论,一个人的信息可以分为以下四种:

公开:是指大家都知道的事情,即别人知道管理者也知道的部分,比如员工的学历、长相、肤色、身高、体型、性别等。

盲点:别人知道管理者却不知道的部分,比如员工的缺点、局限,自认为对员工很好可实际上员工却不这样认为的事等。

隐私:别人不知道但管理者自己知道的部分。比如,发生在员工生活当中不为人知、也不愿意让别人知道的一些事,例如埋藏于潜意识最深处的过去曾经受到过的伤害、痛苦、身体上的特殊疾症、奇怪的喜好等。

潜能:即别人不知道管理者也不知道的部分。比如,员工将来能取得怎样的成就、未来能释放出的光彩与能量,潜能是任何人都不清楚、蕴藏在生命深处最卓越的能力。

团队成员告诉管理者并不清楚的事情,这样的方式叫"回应";员工公开管理者不知道的信息,这样的方式叫"披露隐私"。当团队成员和管理者都这样做的时候,就会激发团队的活动,让团队彼此信任。**在团队中,最可怕的就是"沟通黑洞",不响应信息,屏蔽自己的信息不告诉他人**(见图6–12)。

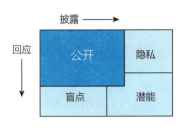

图6–12 "约哈利窗"理论中的回应与披露

通过"裸心",团队成员坐在一起,彼此交流倾听,不必过于小心或戒备,在交流中表达自己真实的想法;团队成员之间能开开小玩笑,不至于生气;基于团队成员弱点的信任;不害怕承认自己的真实情况,不隐瞒自己的弱点,就不会卷入那些浪费个人时间和精力的办公室政治……要做到这些,管理者首先要能够搭起"场子",让团队成员彼此敞开心扉。这个"场子"就需要管理者走进每一位团队成员的内心,知人心、懂人性、识人欲。更重要的是,管理者也要让员工走进自己的内心,这是一种信任,信任的建立是相互的。

要知道,当年卫哲在加入阿里三年时,阿里给他做了一场"三年成年礼"活动,阿里的整个高管团队对他进行了现场"炮轰",还邀请了柳传志、史玉柱这些外部人士一起参与,那次的两个半小时经历对卫哲来说是极大的心灵震撼。自从那次"裸心"之后,卫哲才真正融入阿里,在这之前他都是一个精英空降兵的角色。

那么,管理者应该如何做好团队的释放点,让团队成员彼此"裸心"呢?

在团队的释放点上,有两个很好的工具介绍给大家。

❶ 烛光夜谈

烛光夜谈就是管理者挑一个时间，大家坐在一起敞开心扉地聊聊天。在这个过程中，管理者一定要管住自己的嘴，认真倾听团队成员内心的声音。烛光夜谈不光是说工作中遇到的问题，更多的是倾听员工的心路历程，了解员工的成长路径。通过这样的形式，管理者可以走进员工的内心，了解他们的真实需求。

2008 年，戴珊（阿里合伙人之一，现任阿里 B2B 事业群业务总裁）出任淘宝 HR，与当时的淘宝网 CEO 陆兆禧是搭档。

有一天，戴珊去陆兆禧办公室找他谈事，走到门口时，她透过门缝看到陆兆禧一个人静静地坐在办公桌前，眉头紧锁，一脸严肃。戴珊的心"咯噔"了一下，那一刻，她意识到陆兆禧太累、太孤独了。擅于"裸心"的戴珊，决定与陆兆禧先来一次烛光夜谈，而且就是现在。戴珊走进办公室，坐在他的对面，轻言细语地问了陆兆禧很多私人问题。她了解到，陆兆禧一直都是自己一个人吃饭，下班后也不会和别人聚会。戴珊决定帮他改变这种状况，她想打开陆兆禧的心扉，想走进他的内心。

在第一次烛光夜谈之后，戴珊又找了一个晚上，组织了一个"裸心会"。她拉着陆兆禧和大家去喝酒，为了让大家进入状态，让团队里藏不住话的"一灯"打开话题，于是"一灯"说陆兆禧作为 CEO 没有远见、决定偏激、不懂产品等，这些话陆兆禧都接受了。在快结束的时候，戴珊让陆兆禧也来讲讲自己的故事。打开了心扉的陆兆禧，讲了他为什么从支付宝来淘宝以及他的难处在哪里。这次烛光夜谈之后，陆兆禧发现，他和员工之间的融合有了很大改善。

❷ 情感过山车

情感过山车的具体做法有以下几步：

第一步：给每位员工一张白纸，让其在这张白纸上画一个轴，上面是正数，下面是负数，中间轴是员工从出生到今天的经历；

第二步：告诉员工，从他有记忆的那一刻开始，若他觉得某一时间点是人生高潮，就把它标记在正数上；若他觉得某一时间点是人生的低谷，就把它标记在负数上；

第三步：把标记的这些点连起来，形成一个人的人生情感和经历的曲线图，称之为"情感过山车"（见图6-13）；

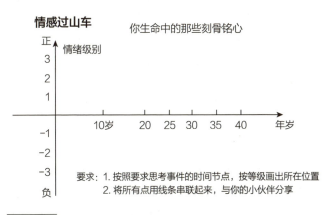

图6-13 "情感过山车"示意

第四步：做好前面几个步骤后，把团队成员聚在一起，让每个员工根据自己的"情感过山车"讲述自己的经历。

这个工具能够很快地让大家了解对方，团队成员之间一些不为人知的秘密会慢慢浮出水面，让大家的心渐渐靠近。

管理者需要注意的是，在做情感过山车时，一般原计划是两小时，但大多数时候会超时，这很正常，管理者不需要刻意压缩时间。如今的生活压力很大，职场人士既要兼顾家庭，又要认真工作，往往生活在"苟且"之中。所以当有机会倾诉内心的想法时，都会感慨万千，有时说到情深之处还会流泪，这都在情理之中。

情感过山车是一个非常好的让团队成员彼此之间"裸心"的工具，不管是在阿里带团队时，还是如今带自己的创业团队，我都会使用这个工具让大家"裸心"。只有"裸心"，团队之间才能真正地彼此感知、共情。

"裸心"的本质是以真诚为核心，交换信息和互相加持，以赋予对方力量为前提开展的，不是催泪会，更不是批斗会，是共识、共创的开放坦诚沟通，也是相互检视的"真心话大冒险"，更是彼此内心最深处灵魂的触碰。

甜蜜点：一个能够让大家感动的环节

甜蜜点是一个能让团队成员感动的环节。甜蜜点的一个最好形式就是给员工过生日。

事实上，如今很多企业也会使用这种方式来组织生活团建，但做着做着就变成了一种形式。给员工过生日，看似简单，但其重点不在于形式而在于用心，在于甜蜜的情感。过生日即使没有蛋糕也没关系，可以用任何物件来代替。重要的是，让过生日的员工感受到情感，感受到温度。

我在阿里带团队时，记得有一次团队里有一位员工过生日，我们每人凑了 10~20 元买了一个小小的礼物寄给他的母亲。大家可以想象一下，这位员工的内心会有怎样的触动？

除了生日，还有员工的入职纪念日、加薪日、升职日等，都是甜蜜点的形式之一。我在阿里的天津大区做管理者时，有一次做生活团建，团队里有一位员工加入阿里已经 5 年了，是一位"老阿里",因为工作时间久了,难免有点懈怠,业绩并不理想,急需激励。我找到与这位员工要好的同事,特别是直属主管,一共十几人,每个人录了一小段视频,回忆与他在一起共事的经历,并在视频中向他表达祝福。我把这些视频放给这位老员工看,放到第二段,他就开始流泪了。放完之后,他对我说:"老大,这两年之内你不需要再激励我了,以后就看我的业绩。"

这些让团队成员感动的环节,就是情感的联结。

记忆点:留下可以记忆的存证,比如视频、照片

记忆点就是通过一场团建在团队成员心中留下长久的记忆片段,比如视频、照片等。没有留存就没有回忆,没有回忆就像是没有发生。

虽然如今有很多企业也会留下各式各样的团建照片或视频,但大多只是挂在文化墙上"吸灰"罢了,为什么没有达到生活团建的目的?不能引发团队成员回忆呢?

主要原因是因为没有让团队成员之间形成互相关怀、互相帮助的氛围,如果没有这种氛围,那么你的生活团建就是失败的。

我在阿里带团队的时候,会每个月带团队做一次生活团建,比如带有活力的成员集体去骑动感单车;带文艺男女青年去大海边散步;带年轻的成员去打羽毛球;带年长的成员去爬山……每一次团建,每一个地方,我都会存下照片,回来后,我会写一封情义绵长的邮件,发给每一位团队成员。这些照片,我到现在都还保留着。下面就是我在2011年带团队成员做团建后发的邮件,邮件里附的就是彼此的照片(图6-14)。

以上就是管理者做好生活团建的三个关键点,生活团建做好这三个关键点,就能达到团建的目的。

图6-14 2011年带团队做团建的照片

> **管理者练习** / 管理者要带着自己的团队做一次情感过山车,让员工找到今年的目标、使命、愿景、价值观。要求:管理者把团队每个人的情况,写成文档报告。

6.5 生活团建二：五个一工程

在上一节里，大家知道了做生活团建不是简单地让团队成员放松心情、吃喝玩乐，而是要打造一个有温度的团队，让团队成员之间彼此共情。要达到这样的目的，就要做好三个关键点（释放点、甜蜜点、记忆点）。那么问题来了，管理者如何让这三个关键点落地到生活团建的具体操作中呢？

在阿里，生活团建常用的落地工具是"五个一工程"（见图6-15）。

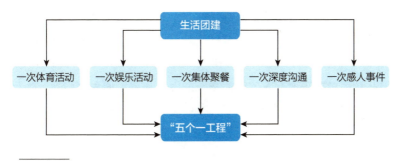

图6-15 "五个一工程"工具

"五个一工程"很好理解，就是管理者在一年的时间里，至少要带领团队成员做一次体育活动、做一次娱乐活动、进行一次集体聚餐、和每位员工进行一次深度交流、做一次感人事件。

和团队的每一位员工做一次深度沟通

生活团建旨在搭建管理者与员工之间沟通交流的平台。在这个平台上，没有领导与员工的等级之分，所有人都可以"裸心"交流。要知道，今天98%以上的管理问题都是沟通问题。一个合格的管理者一定要具备强大的沟通能力，用自己的坦诚沟通去解决问题。

在生活团建的"五个一工程"里，和团队的每一位员工进行一次深度沟通是管理者最重要的团建内容，同时也是最不容易做好的。

和员工进行深度沟通在管理工作中起着至关重要的作用。当管理者做好这次深度沟通时，管理者才能全面了解员工的思想精神状态，发现他们的潜力与不足，及时化解矛盾，增强团队凝聚力。从某种意义上来讲，**和员工进行一次深度沟通是最有效的感情投资**。

然而，在我为企业做管理培训的过程中，我发现很多管理者在和员工进行深度沟通时，没有沟通到位，主要表现在管理者的独断行为、沟通渠道不畅、不够坦诚、缺乏自我检讨、没有同理心等，因此管理者要采取有效的沟通技巧来做好和员工的深度沟通，达到生活团建的目的。

提倡"快乐工作"的阿里自然不会忽视沟通问题。随着阿里不断扩张，特别是并购了一些企业后，大量新员工的集体加入会引发"文化稀释"现象，他们此前的企业文化会与阿里巴巴的价值观念存在不同程度的冲突。唯有畅通的沟通机制，才能加深他们对阿里文化价值观的认同，从心理上成为真正的阿里人。

在阿里，管理者和员工进行深度沟通时要注意两个要点，即倾听和同理心。

❶ 倾听

管理者在和员工的深度沟通中，至少应该花 80% 的时间去倾听。倾听，对于深度沟通非常重要。然而，在很多管理者的脑海里，沟通似乎就是一种动态的过程，而倾听这一静态过程就被忽视了。

以下几种表现是管理者在与员工进行深度沟通时，不注重倾听的表现：

- "耳边风"：左耳朵进，右耳朵出，完全没听进去；
- "敷衍了事"：用"嗯""喔""好好"等词来敷衍员工；
- "选择性地听"：只听合自己的意或口味的话，与自己意见相左的内容自动过滤掉，或者不停地打断对方。

说到这里，我也要反省一下，我在沟通方面也做得不到位，比如在跟我的营销总监进行深度沟通时，会不断地打断他，这是我需要改正的地方。

作为管理者，一定要发自内心地倾听员工的心声。因为倾听能激发对方的谈话欲望，激发更深层次的沟通，从员工说话的内容、声调、神态，了解员工的态度、期望和性格，从而达到生活团建的目的。倾听是一门艺术，倾听更是心灵的交流与碰撞。**一名优秀的管理者必定是一位优秀的倾听者。**

管理者要做到积极倾听很简单：

一是不轻易打断对方。聆听的时候不要插嘴，尽量把你的话语减到最少，面对员工，轻松自如地和员工保持良好的目光接触，目光接触的另一个含义是"我正在听你讲话"；

阿里强调："管理者要谦虚，懂得尊重别人，用欣赏的眼光看别人……"管理者要体现出自己的价值，让团队感受到来自你的强大支持。绝大部分人对现状都是不满意的，当你真正要改革的时候，提出意见的一定是他们，而且身体力行地支持改革的也一定是他们。

二是不要立即下判断。管理者常会在一件事情还没有搞清楚之前就下结论，所以要保留对员工的诸多判断，直到事实清楚、证据确凿。注意自己的偏见，诚实地面对、承认自己的偏见，并且聆听员工的观点，容忍员工的其他意见；

三是反馈。用你自己的话复述员工刚刚说过的话，可以这样说："你的意思是……"这表明你在心无旁骛地倾听员工说话。同时，也能确认自己是否已经正确理解了员工表达的意思。

❷ 同理心

什么是同理心？

说复杂点，同理心就是站在员工的角度和位置上，客观地理解员工的内心感受，并且把这种理解传达给员工。

说简单点，同理心就是"己所不欲，勿施于人"。将心比心，也就是设身处地去感受、去体谅员工。

我在阿里带过四个团队，在带第四个团队——"王者归来"时，上一任管理者跟我说，团队里有个女员工上个季度的绩效考核被打了"1"。在阿里，员工绩效考核连续两次被打"1"就要被开除了。

和上一位管理者沟通过后，我了解了一下这个女员工的情况。我评估她的个人能力是没有问题的，她之所以被打"1"是因为刚休完产假回来，所有的精力都在孩子身上。虽然我是男性，但我也知道孩子对于妈妈的重要性，所以我在跟她进行深度沟通时没有说让她兼顾好工作之类的话。我只是问了她几个问题：

当你50岁的时候，作为一个妈妈，你希望在孩子心目中是什么样的形象？

如果你想创业，今天你被开除了没关系，拿补偿走人；如果你不想创业，你还想在这里工作，那阿里的这份工作对你的价值有多大？

如果你出去找工作，你能找到比阿里更好的工作吗？

当我问完这几个问题后，这个女员工的问题已经被解决了。为什么？

因为我在与她"裸心"沟通的时候，没有站在我的立场去要求她，而是从她的视角去思考她的个人发展问题，运用同理心帮她想清楚自己到底想要什么。当这些问题一一明晰之后，她的问题就迎刃而解了。要知道，**没有任何道路通往真诚，因为真诚本身就是一条道路。**

除了在个人层面要有这种共情的深度沟通外，在整个团队的层面上，管理者要把"职场"做成"情场"。什么叫把"职场"做成"情场"？外界听到这个说法，会觉得阿里奇怪。工作就是工作，在工作中付出拿到回报，然后获得评价。根据结果奖赏惩罚，这不就是工作吗？没有人愿意关注情感上的归宿。

这是一种偏执理解。"职场"这个词不能将我们的工作环境全面、丰富而完整地概括出来。其中缺失的元素是什么呢？职场，除了是一个职业活动场所之外，还应该是一个情感交汇的场所。

我们可以算一下，这一生中有多少时间是在工作？我们和同事在一起的时间，是不是比和自己父母在一起的时间还要多？如果说你和同事一起工作的时候，感受不到心灵的成长，感受不到快乐和丰富，感受不到获得成就的喜悦，那么工作将变成一件特别痛苦的事。每天早上睁开双眼，想到又要和这些人在一起，又要看领导的脸色，还要面对一大堆让自己不开心的事情……员工能有什么动力让自己保持饱满的工作热情呢?

如果管理者只是把团队看作一个"职场",只关注自己的目标,把员工看作资源,这样做的结果是:危机来临时,员工会第一时间离开;如果管理者把团队看作"情场",就会用真情去关注员工的成长,牵挂团队成员的喜怒哀乐。当危机来临时,员工才会与管理者同舟共济、患难与共。

所以,管理者要在工作场所里,营造出一种"情场"氛围——不仅在一起工作,同时也要共同生活,享有相同的精神领域。在这样的氛围下,员工的心灵是放松的,可以更清醒地了解周围的伙伴,更加热爱生活、同事和工作。作为管理者要时刻问自己:

团队中这几个年轻人跟着我,把自己最好的青春交给了我,我给了他们什么?

这是管理者应该思考的。时间就是生命,一个员工跟着你工作了两三年,他们付出了时间。作为管理者,如果我们不能用心地帮助员工成长,就是我们的失责。

那么,管理者如何把"职场"打造成"情场"呢?

关键就是两个词:**起心动念、将心注入**。起什么心?动什么念?得什么果?如果管理者把团队成员当成工具,那你得到的就只能是"大难来临各自飞"的结果。团队的情感是从点滴开始积累的,管理者要真诚地帮助员工,用心与员工沟通,每一次谈话和辅导都是内心走入内心的过程。

一次感人事件

将感人事件落地到生活团建实操时,管理者往往容易走偏。我在为企业做管理培训的过程中发现,很多管理者把感人事件做成了

"员工关怀",而员工对于这种关怀是毫无感觉的,员工会认为这是企业、管理者应该做的。

比如,很多公司会在中秋节发月饼,这就是典型的"员工关怀"。如果公司不发月饼,员工会觉得公司没有人情味;如果公司发了月饼,员工会认为这是公司应该做的。

现在,很多公司都会出现这种情况,把一些感人事件做成了员工觉得公司"应该"做的事。其实,"员工关怀"在本质上不是公司去关怀,"员工关怀"应该是员工之间互相关怀,但还是公司花钱,只是这些"员工关怀"要由公司的行政、HR和团队伙伴共同发起。

"员工关怀"不是大事,犹如家里兄弟姐妹之间的关怀一样,都是由一点一滴的小事组成。**事不在大小,关键要做到员工心里。**做得最好的"员工关怀"就是当团队成员出去工作了一天,回来之后公司为其准备了一杯热茶、一碗热粥,这些举动才是深入内心的。

阿里对员工的关怀在业内有着很好的口碑。比如,阿里有一个父母关怀计划,认为关爱员工的父母和家人,员工对企业黏度会更高。在这个计划里,员工的父母体检是由公司付费,为员工提供30万元的买房无息贷款,为员工举办集体婚礼等(说实话,这些成本还是挺高的)。真正的大企业不是看它的资产有多少,而是看它是否把每个小承诺都实现,把事情做到员工心里,这就是最好的感人事件。

上面我为大家详细地讲解了在生活团建中如何做好深度沟通和感人事件,这两个层面是管理者最容易忽略和做不好的地方,同时也是生活团建的核心所在。除了这两个工程,生活团建里的一次体育活动、一次娱乐活动、一次集体聚餐这三个工程很好理解,在前面的章节里我也说了很多，也是管理者使用最多的方式，具体细节我不再赘述。

> **管理者练习**
>
> 管理者应带着团队成员在一年的时间里做好"五个一工程"：
>
> 1. 和团队的每一位员工进行一次深度沟通；
> 2. 做一次感人事件；
> 3. 和团队成员做一次体育活动；
> 4. 做一次娱乐活动；
> 5. 进行一次集体聚餐。

6.6 目标团建一：战争启示录

企业是通过满足客户需求从而实现商业价值而存在的，最终企业的行为还是需要获得业绩结果，站在这个角度上，目标团建是最好的团建方式，企业通过目标团建去帮助团队成员找到最真实的自我，突破极限，让梦想和激情永续。

一个团队打胜仗有三个重要的过程，我将其分别定义为唤醒赢的本能、创造赢的状态、实现赢的目标。它们分别匹配三种不同的团建方式：唤醒赢的本能是思想团建，创造赢的状态是生活团建，而实现赢的目标是目标团建。

那么，目标团建应该如何做呢？

阿里最常用的目标团建方式是"战争"，通过"战争"去凝聚团队。需要注意的是，这个"战争"不是让管理者带着团队成员去和竞争对手打架，而是带着团队为了目标奋斗。

阿里的"双11"大战

每年的"双11"，是阿里每个团队面对的最大战役。每年在打响"双11"战役之前，各个团队都要报目标。让人震撼的是，各个团队不是报1 500亿元或者2 000亿元，而是喊口号：活着！活着！（指系统正常运转）大家可以想象一下，"双11"零点那一刻，支付宝将面临多大的压力。

2012年是阿里"双11"战役压力最大的一年。当年的"双11"战役从5月开始就已经在阿里打响,每个事业部那几个月全部工作精力都投入在"双11"了。每个部门都做了好几套预案,只等着"双11"零点的到来。

2012年"双11"零点时,各种系统报错、立刻下单报错、购物车支付报错、支付系统报错、购物车的东西丢失……当时整个技术部门全员上岗,立刻开启了事先准备好的预案,经过紧急排查和处理,到凌晨1点时,系统各项指标都慢慢恢复了。当时,整个技术部门的人集体瘫坐在椅子上,身上的衣服全部打湿了。其实我这样描述,大家很难真实地感受到阿里人在打这场战役时的热血与激情,我特意挑选了阿里人"双11"奋战时的照片,大家可以直观地感受一下(见图6-16、图6-17、图6-18、图6-19、图6-20、图6-21)。

图6-16 "双11"时灯火通明的淘宝大楼

图6-17 穿上淘宝战衣准备战斗

第 6 章
建团队：在用的过程中养人，在养的过程中用人

图 6-18 深夜，人山人海的淘宝大楼

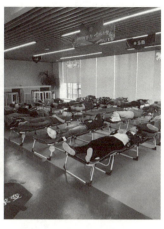

图 6-19 "双 11"睡在办公室的阿里人

图 6-20 阿里人打赢战役后的喜悦

图 6-21 阿里后期团队为前线准备的宵夜

"双11"战役始于2008年,淘宝天猫当时一天的销售额是5 000万元。到了2009年,金额变成9亿元,再到2018年突破2 135亿元。"双11"战役不是一两个团队在打,而是技术团队、运营团队、前线、后台、GR等所有部门一起参与,每一次都会推动产品和技术的升级。对于阿里来说,这就是每年一次的大团建。

阿里通过不断地"打仗"总结出了四大"战争启示录",不断地在"战争"中打造团队。

"打仗"是最完美的团建,是团建的最高表现形式

团队成员在一起吃喝玩乐是一种团建,但最完美的团建是一起达成目标。很多顶级销售员转型成管理者后,总喜欢拼到最后一刻,试想一下,能带着团队拼到这一刻,这样的团建效果一定很好。

这种带领团队"打仗"的传统是在阿里慢慢铸就的,从一开始"中供铁军"对抗环球资源,到后期淘宝对抗ebay,再到现在对抗微信,员工都是在这种"战争"中不断磨炼出来的。每一个市场,每一个部门都经历过这种方式。

人性的本质是懒惰的、自私的,我们不太可能改变一个人的本性,但我们可以通过一场场战役去激发团队。团队在战役中不断地历练,久而久之就可以适应当下环境的规则。

比如阿里史上的"百团大战",就是一场荡气回肠的战役,一场酣畅淋漓的战斗。

"百团大战"是阿里在外贸公司员工中组织的一次比赛,旨在通过比赛形式,使外贸人员发挥出自己的潜力,提升自己,间接地给企业培养优秀的员工。因为阿里巴巴是众多中小企业的平台,所以参与者众多,故称"百团大战"。

在阿里，每年3、6、9、12月均为"中供铁军"的大战月，几乎每个月都能塑造出无数的标杆和榜样，几乎每个月都能完成以往前三个月业绩的两倍，甚至更多。如今，众多的阿里平台企业加入阿里"百团大战"的战斗中，在阿里人的指导下，在专业的培训下，均创下了业绩新高。

我至今还记得，在那场"百团大战"开战之前，有的团队举行喝"鸡血酒"的仪式。管理者买来一只鸡，给每个碗里倒上"鸡血酒"后，让每个人上台报目标。酒干了，碗砸了，战斗的气氛来了。大家可以想象一下，一个团队带着这样的士气去"打仗"，会是什么样的结果？

可以说，如果没有这样的"战争文化"，就没有"中供铁军"的魂，没有"中供铁军"就没有今日的阿里。成功不是说出来的，也不是做出来的，而是拼出来的；是一群人，放下所有杂念，奋不顾身，用汗水和血水闯出来的。

打仗能够帮助团队成员找到最真实的自我

如何让一个业绩普通的员工有所突破？如何让一个员工的业绩提升3倍？这不是管理者简单说几句话就可以实现的。如果管理者不能搭起这种舞台、营造这种场景、给员工兴奋的工作状态，员工业绩怎么能提升呢？

所以，"战争"最好的一个功效就是帮助团队成员找到最真实的自我，突破极限，让梦想和激情永续。管理者要搭起舞台、营造出场景，让团队成员在这个舞台上充分地发挥，充分地绽放，让他们用业绩去铸就成就感。

我在上面说的"鸡血酒"，就是为了营造一个"战争"的场景，点燃员工的激情。事实上，阿里的每次战争（PK），各个团队都会"造场",看起来颇有点"梁山好汉"的意味。铁军是铁汉柔情,讲铁军必讲血性。

创立一个精神,塑造一个军魂,构建一片土壤,使其成为文化

这是"战争"的关键,"战争"的意义就在于此。团队精神、团队的魂就是靠不断的战斗铸就的,它是从团队成立开始慢慢沉淀下来的。

如今,业内很多人说到阿里的"中供铁军",都会竖起大拇指,然而"中供铁军"的精神不是现在的阿里人铸就的。阿里规定,工号20 000号以后的员工不能再称为"中供铁军"。因为这些员工没有经历过残酷市场的淬炼。

2006年,我刚开始做跨境电商时,主要帮助客户做海外出口业务。当时北方市场的客户几乎不做出口业务,我们联系了三四百家钢材客户,发现只有一两家在做出口业务,而这两家还是通过南方的外包公司来做的。我们找到这些钢材老板,跟他说:"你需要先从内贸转外贸,再买一个阿里巴巴的出口通就能实现出口。"这是在改变客户的战略,大家可以想象一下:一个刚毕业一两年的小伙子去跟客户谈这些东西,客户肯定不会相信。所以晚上回公司后,管理者对我们进行了大量的培训——演练、辅导,不断地"陪访",有的客户甚至是我们上门拜访了60多次才签下来的。当时的市场真的很难做。所谓"艰难出英雄","中供铁军"就是这样一步步历练出来的。

这就像一家企业的企业文化,很多企业说文化是规划出来,文化是设计出来的,这是一个很大的误区。企业的文化是内生出来的,是演变出来的,文化是创始人和创始团队在最艰苦的岁月中沉淀的基因,然后慢慢在组织里生长出来的。

成长的最好的磨炼,内化成强大的力量

对于管理者来说,每一次"战争"都是管理力、领导力最好的修炼。管理者是否相信目标?能不能带着团队去打赢这场仗?是对管理者自身最大的考验。

我当时接手第三支团队"大航海"的时候,团队新签和售后的指标排名都在最后。我用了一年半的时间,把这支团队的业绩带到了区域第一。如果说"中供铁军"的魂是团队,那团队核心就是执行力和团队精神。我还记得,我带着"大航海"团队时,所有的细节我们会一起讨论,大家一起执行。为了打大量的电话,团队每个人都有两块备用电池。我把主要精力放在员工的成长、成就、开心三个方面。"大航海"团队每天会进行奖罚处置,做得好的人每天晚上分享,让他感受成就感,分享之后,团队进行总结。另外,在每周日晚上,所有员工都聚集在一起开周会。在这个过程中,他们不断总结,持续收获。

通过带团队"打仗",不仅让团队蜕变,更重要的是,我自己也得到了蜕变。我的管理能力、沟通能力、领导能力等都得到了很大的提升,这为我现在的创业打下了很好的基础。

战争的核心三元素

克劳塞维茨在《战争论》中如此写道:胜利源于所有物质和精神方面的优势总和,一场完美的战役也是基于此策划的,只有战场才能让一个人成为将军。

一场战争核心的三个元素分别是:状态、资源和策略。三个元素中,最关键的是状态。不是过程决定结果,决定一个团队最终结果的是兴奋的状态和必备的技能。

状态是整个大战中最有技术含量的部分，通常由三部分组成：

一是道具传递。道具是一种物语，我们通过"设物"实现"管心"，所以要进行与"赢"的状态相关的物品布置，比如说有气势的横幅，上写"将有必死之心，士无贪生之念"或是"刀锋入骨不得不战，背水争雄不胜则亡"诸如此类的话，通常这些物品有：梦想业绩墙、挂横幅、英雄榜、战斗日志、衣服头巾、战斗手环、邮件签名、微信签名、挑战书等。

二是仪式传递。仪式的传递也是状态传递中最重要的一环，分为团队启动、文化游戏、成功制造三种。

三是信息传递。当战役开始时，并不是所有人都能马上全情投入进去，大概有20%的先驱者，有70%的观望者，有10%的懈怠者，如何尽快让观望者快速加入战斗，这时候胜利成果和激励语言的及时传递就非常的重要，最好是做到随时随地制造成功，传达渠道有很多：短信、微信、钉钉以及每天的晨启动、午启动会等。

管理者练习 / 管理者带着团队做一次模拟大战。比如把团队分成两个小组，设计一个主题，让他们进行"PK"。

6.7 目标团建二：
如何带领团队打好一场仗

在阿里，我们用一个很形象的词去描述目标团建，叫"打仗"，也叫"PK"。

其实这个词很多企业都在用，特别是很多企业的销售团队在冲业绩时，常常会用这个词来为自己的团队造势。只不过，阿里把"打仗"这个词落到了团队状态、团队成长的层面，这才是"打仗"及目标团建的目的。

阿里最早稍具规模与影响力的一次"打仗"是在2006年8月，当时阿里宁波区的经理执导了一场"诺曼底登陆战役"。所有的主管、经理、HR都统一着装，此次战役的目标是使宁波区域的业绩上一个新的台阶。那是"中供铁军"的第一场战役，此次战役打响后，各个团队"杀"得昏天黑地，"战争"结束后，宁波区的销售业绩创下了历史新高。

所谓"时势造英雄"，自从宁波区的"诺曼底登陆战役"胜利结束后，"打仗"文化在阿里蔚然成风。在各个区域、各个主管组，包括团队内的每个人都在进行着不同的"战役"。这时，个人英雄与团队英雄都开始不断涌现。由于阿里始终重视组织与团队建设，因此出现了一大批"传奇团队"和"传奇英雄"，比如孙利军的"大圣战队"就是赫赫有名的战队之一。

一场完美的战争要有炮火连天的战场、酣畅淋漓的战斗、持续

增长的业绩和不骄不躁的心态。

通过一场场"战争",各个团队都受到了前所未有的磨炼,团队的凝聚力、信任力以及团队成员的潜力和管理者的领导力,都有了大幅度提高。尤其对于管理者来说,要让团队的每个成员参与打仗——完成战斗——打胜仗,是一件非常有挑战性的事。那么,管理者如何才能带领团队打好一场仗?"中供铁军"这支队伍到底是怎样作战的?他们有没有可以复制的方法?他们靠什么在凝聚人心呢?

下面,我从大战前、大战中、大战后三个阶段,完整揭秘一名管理者在阿里是如何带领团队打好一场仗的。同时也记录一下那些我们曾经"洒热血"的战斗。

大战前:启动会"四件宝",要有仪式感

在阿里,每年的3、6、9、12月是大战月份,从大区到主管,再到团队里的个人,都要轮番开展各种会战。

大战之前,我们会详细策划、准备大战的各个环节,开各种会议。以12月最后一个季度的大战为例。我们的会议时间列表如下所示(见图6-22):

10月中旬:大战正式启动;

10月底:大区经理会议;

11月中旬:大区主管论坛;

11月底:"百万启动会"。

为什么要开这么多会?目的是为了让团队的所有人通过各种会议共同看见目标。这是大战前的核心。

销售员叶松杰在《我的启动会生涯》中,记录了当年启动会的场景:

图6-22 阿里的"百万启动会"

"最初的启动会议,一个区域十几二十人拿着板凳坐在一起,某人起来讲个笑话,然后经理发言,并推荐这一周签单的人,最后大家一起呼喊口号,结束。从2005年开始,办公室已逐渐无法容纳所有人,来自各联络点的人都一起来了,于是就开始在外面找场地。从那时起,主管会议有了启动大周会的议程。这一次大周会是搞笑路线还是分享路线,大家一起想办法。那个时期的大周会让大家都有很大的收获。"

从2007年开始(也就是我进阿里的第二年),阿里的启动会从培训销售能力与演练逐渐变成模板化的销售宣讲。在大周会上的启动会以激情、血性、执行力为核心,启动会成为激情宣泄的舞台,每个区域的启动会都办得热火朝天。

在这里,需要特别指出的是:大战前的启动会一定要有仪式感。管理者一定要把大战前的氛围通过各种各样的仪式传递给团队的每一位成员。

那么,管理者具体如何开展这些启动会呢?

在阿里,启动会有"四件宝"(见图6-23):

图6-23 启动会的"四件宝"

第一件"宝"是:启内心。启动会要能够启动员工的内心,让团队成员发自内心地想赢下这场战役,完成目标。要想启动员工的内心,就要触动员工的心灵,将心注入,这就需要管理者开展走心的、有温度的工作。

阿里常用的方法是:看视频、做拓展、量目标和争荣誉。

值得注意的是,在早年的阿里,一些团队会采用"扎头巾""喝鸡血酒"的方式来启动员工的内心,但现在恐怕已经行不通了。如今管理者再采用铁血启动,比如每个人都在台上疯狂喊目标,这种"打鸡血"的方式对于很多员工来说,只能启动表面,启动不了内心。很多员工可能碍于情面,表面上配合,但内心其实是抗拒的。

所以如今,管理者在启动内心的运作上,还是要根据员工的内在需求而定。比如对于"90后"员工、"00后"员工,要多利用一些关于青春、关于梦想的形式去启动内心,这些形式是最容易激发人的奋斗热情的。

第二件"宝"是:给信心。大战前的启动会最重要的是增强团队成员的信心,做到这一点最好的方法是找到和他同类型的伙伴,现身说法、亲自分享。

阿里常用的方法是:让曾经做过百万业绩的员工给团队成员做真实的分享(见图6-24)。

图6-24 阿里大战前"启动会"之做分享

第三件"宝"是:给方法。大战前的启动会除了内心动力和信心之外,还要有可落地的有效方法作为支撑。管理者要给团队成员一条能实现目标的"康庄大道",确保每个团队成员上战场的时候他的武器是擦亮的，子弹是充足的（见图6-25）。

图6-25 阿里大战前"启动会"之给方法

第四件"宝"是：推氛围。大战启动时一定要把氛围推到极致，在阿里也叫营造氛围、促进竞争、勇于突破。阿里在这方面有很多的方法可以借用，比如报目标、PK、授旗等。

我在阿里待了近10年，见过的"启动会"不计其数，其形式也是各式各样。除了正常的报目标、下军令状、分享外，有的团队还会做一些活动，比如手挽手肩并肩闯关、拔河比赛，常用的工具有：锣鼓、红头绳、战争视频，这一类活动一般出现在大战时（3、6、9、12月）；对个人故事的采访、家人的录音、感人的视频，这一类活动一般出现在需要团建时，比如春节后的大周会等（见图6-26）。

图 6-26 阿里大战前"启动会"之推氛围

不管是什么样的"启动会",使用什么样的工具,管理者一定让它具有仪式感,让团队成员在这种仪式感中找到自己的"燃点",尽快进入状态。事实上,"老阿里"仗打多了会感到疲劳,这时需要管理者把"打仗"的氛围营造出来,让他们进入状态,充满激情。

启动会在整个战役中的作用非比寻常,甚至影响成败,所以,帮助团队成员找到"为何而战"的理由,显得至关重要。同时谨记激励的三大原则:激励自己;融入情感;懂人心,通人性。

大战中:"黄金五件事"

大战正式拉开帷幕后,整个团队都在前线拼杀,作为管理者同样不能掉以轻心。那么,在大战进行的过程中管理者要做哪些工作呢?

在阿里的大战中,管理者要做的是"黄金五件事"(见图6-27)。

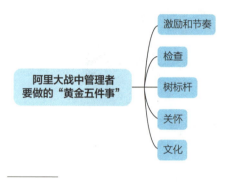

图6-27 "黄金五件事"

图6-28 阿里大战中之激励

第一件事:激励和节奏。管理者一定要有明确的激励措施,把节奏带出来。

所谓"重赏之下,必有勇夫",既然想打一场声势浩大的大仗,激励更多的人去完成目标,采取的激励手段就要与平时有所区别。再者,此时的激励已不单单是对节奏的把控,更是对目标的一个分解(见图6-28)。

举个例子,如果部门业绩目标是600万元,第一周要完成150万元的业绩,由5个人去共同完成,平均下来每个人要完成30万元的业绩。但30万元只是目标,我们所要激励的是业绩率先突破40万元的人，对他们进行重赏，这样才能让其他人在重赏之下，不断突破，勇创佳绩。

我们要想方设法将激励转化为一根指挥棒，让这根指挥棒去带动并转化员工的立场和力量。具体而言，我们可以从个人、团队、破单率、大单、快枪手、业绩 TOP、破历史新高、某一个业绩高点（如完成百万、合作百个客户数之类）等方面入手实施。当然，再好的激励措施也不要先斩后奏，一定要秉承先宣布后实行的策略，并且兑现激励的时间越快越好，这样才能收到立竿见影的效果。

以上所讲都是激励之术，但在实施的过程中，也不能忽略了激励之道。激励之道归纳起来，可分为以下三点：

一是不懂得自我激励是无效的激励；

二是不融入感情的激励是无效的激励；

三是不懂得人心、人性的激励是无效的激励。

第二件事：检查。管理者要时刻检查，实时报道数据，及时复盘（见图 6-29）。

一般来说，每个团队在晚上都会有分享会、总结和复盘会，另外，每周都会根据"271"制度进行排名，谁是"2"，谁是"7"，谁是"1"，员工相互打分，得分为"2"的人会分享他这一周的收获、规划及相关思考，得分为"1"的人会谈谈自己的感受等。

第三件事：树标杆。管理者要及时分享"战报"，把团队成员获得的业绩分享给团队里的其他成员，将标杆树立起来（见图6-30）。需要注意的是，HR 发的战报是真实的，管理者自己发的战报可"根据需要"选择地通报，主要目的是激发一线"战士们"的斗志。

第四件事：关怀。"刚要刚到骨子里，柔要柔到内心里"。一线人员奋力拼搏，管理者在后方要提供无微不至的关怀（见图6-31）。

图6-29　阿里大战中之检查　　　　　图6-30　阿里大战中之树标杆

图6-31　阿里大战中之关怀

比如我听说阿里最知名的团队"大圣战队"为员工找了三个保姆,一个是做饭的,一个是做清洁的,一个是洗衣服的,目的就是为了让团队成员放心在前线"打仗"。再比如我的团队,每天我都带着团队一起去放松一下,缓解白天"打仗"的疲劳,那时整个团队在一起的氛围特别好,就像一家人。

第五件事:文化。管理者越是在大战时期越要有一双发现美的眼睛,要发现大战里每一个团队成员的优点,要清楚自己的目标,我们要什么、不要什么。

大战后:及时兑现荣誉

大战后最重要的是及时兑现荣誉。在阿里,每一场大战结束后,我都会让团队业绩最好的成员站在聚光灯下接受奖励,并让他在整个团队和家人面前,把大战中所经历的事情全部分享出来,去感染在场的每一个人,让团队的其他成员感受这份荣耀感(见图6-32)。

图6-32 阿里大战后之兑现荣誉

以上就是一个目标团建的完整过程,也是一个管理者在带领团队"打仗"时,需要在大战前、大战中、大战后做的工作。

以我在阿里工作近十年的经历来看,打好一场仗不是一两次战役的结果,阿里之所以现在的每场仗都能打出成绩,也是因为打了十几年才有的效果。俗话说"一口不能吃个胖子",想要打好一场仗,管理者要不断地重复、不断地实践、不断地总结才能掌握其中的精髓。

最后说一点我的感悟:现在的我,很感谢在阿里的那一场场大战,感谢我的对手,感谢我的团队。我们身处和平时代没有硝烟,做业绩就是我们的战场。感谢阿里,给我注入了战斗的血液。这样的血液使我现在面对任何困难都不做"逃兵",奋勇直前,越战越勇。

管理者练习 / 管理者带着团队进行一场酣畅淋漓的大战。比如把这个月的 KPI 做到×××(具体的数字)。在这个过程中,做好大战前的启动会、大战中的"黄金五件事"、大战后的奖励等工作。

目标团建三：
借假修真，透过现象看本质

上一节我讲了管理者如何带领团队打好一场仗，那么打好一场仗究竟能给团队带来哪些方面的改变呢？

如今很多企业也在"打仗"，但效果不理想，反而目标达不成时还会伤了团队的士气。究其原因有两点：一是管理者在"打仗"的过程中只注重目标的达成，只是为了市场的开拓，不关注员工的成长，只停留在"事"的层面；二是管理者在设定指标时往往会上浮一倍甚至更高，希望以此调动员工的积极性，完成保底指标。这样会让团队很快触碰到天花板：团队非常努力，但是仍没有完成指标，也没有达到管理者期待的业绩，团队成员会产生挫败感甚至想放弃。

那么，管理者要如何做才能让团队在"打仗"中得到成长呢？

在阿里，我们经常会说到一个词——借假修真。

通俗地说，借假修真就是借着做一些事情，达到另外一个目的。与"明修栈道，暗度陈仓"有异曲同工之妙。

把它应用到目标团建里，管理者要思考：什么是借假修真？

目标团建里的借假修真，就是借打好一场仗的假，修追求业绩的真；借取得业绩的假，修团队成长的真；借团队成长的假，修个人成长的真；借尊重人性、回归本质、挖掘真善美的领导方式去修团队文化，这就是借假修真。

要想真正理解目标团建里的借假修真，可以从两个层面入手。

借打仗修精神，借精神修成长

在日常管理中，管理者时常会把"团队合作""利他精神"等品质挂在嘴边，但这些都只是语言的传递而已。只有在大战中才能真正体现什么是团队合作。真正的团队合作是不计个人得失，为了团队目标全力以赴，帮助伙伴成功，成人达己，体现利他精神。**战争永远是体现团队精神最好的场景。**

在阿里，我们常说："我们只想创造这样的一个月份，那就是今后无论何时何地，无论我们遇到多大的困难，回想起这个月我们奋斗的场景就能感受到激励并看到希望，这就是我们最大的原动力。"

战争的场景和清晰的目标，这种来自于外在的压力和内在的动力，会让一个人彻底突破。当你走在未来的人生之路，或者在职业生涯的发展过程中遇到困难时，这些大战时的收获就会成为底层的核心竞争力，这也是管理者在借假修真的层面希望能够让员工收获的东西，也就是我们一直提的：**一个团队其实应该是一个道场，这个道场能够真真正正激励员工成长。**

只有让员工感受到自身的成长，他们才能全身心地投入战斗中，这也是阿里经常说的"一张图、一颗心、一场仗"。只有在战斗中砥砺前行，才能让团队精神得到升华，才能铸就铁血军魂。一起经历了共同的战斗，共同达成为之奋斗的目标，留下自己的传奇，最终成为一生的回忆。

战斗要让团队的每个成员得到自我突破和成长，这场仗才算真正做到了借假修真。

借机制修团队,借团队修成长

员工个人的成长依托于整个团队的成长,为了能帮助员工修炼业务能力、目标感和结果思维,不断突破极限和潜能,管理者更要注重从机制入手。

在前面的章节,我介绍过阿里的"271"制度,一个团队里必然有表现好的人和表现不好的人,必然有成长快的人和拖后腿的人,赏善罚恶,就是管理者对团队成长最好的鞭策。爱一个员工的方式有很多,最重要的是要让他成长。

在这里,我建议大家用好"271"制度。"271"制度不只是简单地将每人按贡献度排序,而是看管理者的期望是否被满足。满足期望称之为"7",超出期望而且持续地超出期望称之为"2",未满足期望是"1"。什么是你的期望呢?这需要管理者不断地去说,让其深入团队每一个人心里。

管理者要谨记,把一个人选成"1"容易,批评他容易,开除他也容易。不容易的是让他知道自己哪里出了问题,让他知道自己哪里应该成长,让他真正感受到团队对他的期望和鼓励——不到最后一刻,决不抛弃和放弃。在这个过程中,管理者要拿出40%~50%的激励份额去奖励超出期望的"2",去激发大家的战斗状态,建立在这样的基础上,我们再谈让员工去突破极限、超越自我就容易得多。

借制度磨炼团队成长、借团队成长激励个人成长,最后的落脚点仍然是激励每个人突破自我和快速成长上,这就是借假修真的真正意义。

到此为止,关于建团队的内容已经介绍完了,这些是我多年在阿里工作经验的沉淀。当然,文字能够表达的只是很小的一部分,如果你没有带团队战斗的经历，只通过阅读感悟是不够的，尽管这里面列举了很多的方法。毕竟，没有经历过"炮火"的冲击，怎能感知"子弹"的威力和战友的情谊。

真正的将军都具有非凡的人格魅力、威信、统率力，他的一生，将身边无数普通人培养成了像他一样勇敢的人，所以说，只有战场才能让一个人成为将军。

管理者练习 / 管理者在战斗结束后，要带着团队进行复盘，认真地总结大战中出现的问题，比如有没有提高团队凝聚力，团队成员的能力是否得到提升等？

第 7 章

拿结果：目标就是结果，以结果为导向的努力才有意义

> 没有过程的结果是"垃圾"，没有结果的过程是"放屁"。
>
> ——阿里"土话"

7.1 以始为终，结果背后的结果

从本章开始，我们将介绍"腿部三板斧"中的"拿结果"部分。在开始之前，我先聊一聊自己对结果的理解，我把它称为"结果背后的结果"。

提到"拿结果"，大多数管理者往往认为完成任务、达成目标就是拿到结果了。因此为了拿到结果，管理者会想方设法在规定时间内完成任务，很少思考结果背后真正想实现的是什么。说到这里，可能有的管理者会提出疑问：这很重要吗？在规定时间完成任务不就是最后的结果吗？

一般有这种思维的管理者，大多是从自身角度出发，没有从全局视角思考我们想要的结果到底是什么？为了便于大家理解，我分享一个小和尚的故事（这个故事也是阿里的管理者经常分享给员工的）。

有一个小和尚担任撞钟一职，半年下来觉得无聊至极。有一天老住持调他到后院挑水，原因是他胜任不了撞钟一职。小和尚不服气，前去质问老主持："我撞的钟难道不准时、不响亮吗？"

老住持耐心地告诉他："你撞的钟虽然很准时、很响亮，但钟声空泛、疲软、没有感召力。我想要的钟声是能唤醒沉迷的众生，不仅要响亮，还要圆润、浑厚、深沉、悠远。"

通过这个故事,我们可以看出:管理者要的结果,不仅是表面的完成任务,更是"结果背后的结果"。

在企业中,管理者要理解结果背后的结果,就要有全局视角,要从源头出发。在这方面,阿里有一张核心图,叫"天地人大图"(见图7-1)。

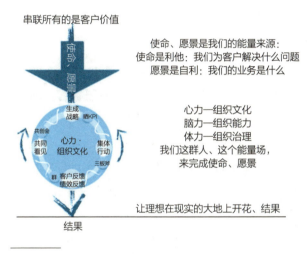

图7-1 阿里的"天地人大图"

在这张图里,业务是阿里一切的核心,公司的使命、愿景、文化都是从这里开始的。业务背后是客户价值,所有这些都衍生自客户价值。因此,一切的源头是从客户开始的。这些反映在企业文化上,是阿里价值观的第一条——"客户第一",而华为价值观的第一条也与客户有关——"以客户为中心",很多公司都是如此。

杰克·韦尔奇曾说过一句话:"一家公司的客户思维是这家公司成为伟大的特质。"所有一切的开始就是这样的。

客户价值在阿里叫"天"。中间的整个文化与组织,都是在这个基础上衍生出来的。这张图的最下端叫"地",也就是结果。这里的结果指:让理想在现实的大地上开花结果,也就是在实现客户价值、满足客户利益以及让客户有最好的体验之后产生的结果,这就是"结果背后的结果"。

看到这里,相信大家已经从全局视角与源头上理解了什么是"结果背后的结果",那么管理者要如何拿到"结果背后的结果"呢?

体现客户价值

体现客户价值,考验的是管理者的判断力。好的结果,不是数字,不是利益,而是客户价值,是坚决对损害客户利益的"好结果"说不。

比如:今天我们要完成6 000万元业绩,我们要的结果不只是这6 000万元。而是达到6 000万元业绩目标的同时,体现客户价值、满足客户价值,帮客户收获利益,让客户有最佳的体验,这就是"结果背后的结果"。这也是借假修真的一个层面。

管理者要如何在结果里体现客户价值呢?很简单,不断地追问自己:客户价值到底是什么?你为客户服务了多少?这是管理者必须要回答的问题,它是用来指引方向的,并不是工具。

对于客户价值到底是什么?彭蕾有一个公式:客户价值=利益×体验。这个公式是她本人在支付宝和蚂蚁金服工作几年的真实体会。

在这个公式里,利益就是客户付了钱,我们能给客户提供什么样的服务和产品,能为他创造什么样的价值;体验就是客户体验或用户体验,即使我们满足了客户的价值和利益,但在这个过程中,让客户感觉不好,那么效果肯定也不好。

所以,利益是体现客户价值的核心,但如果体验做得好,可以起到事半功倍的效果。在这个公式的背后,就是管理者所要力图把握的事情。

让团队得到成长

借事修人，以人成事。当你发现完成6 000万元业绩却中伤了团队的时候，这就不是我们要的结果。在拿结果的过程中，团队的成长同样重要，这也是"以人为本"的体现。在阿里，高层管理者总说："阿里这家公司一定是时刻以客户为第一、员工为第二、股东为第三。"这三个短语体现了阿里要的结果的两个核心价值理念：一，客户价值，客户第一；二，员工成长，以人为本。

要结果更要过程，自循环

还是用上面的例子来说明，今天我们完成了6 000万元的业绩，但是如果你发现这6 000万元的业绩实现过程，经不起复盘和提炼，不能够分享和传承，这也不是我们要的。**可复制的结果才是好结果**。这就是我们对于结果的理解，我们要的是"结果背后的结果"。

工具：黄金圈法则

以上就是对拿结果背后的深层理解。如果管理者能把拿结果思维升华到这个层面，那么你的结果一定可以拿得非常完美。让我感到遗憾的是，如今的管理者在拿结果的时候，最大的问题是忽略了"结果背后的结果"。为了避免发生这种情况，我为大家推荐一个非常好用的工具——黄金圈法则。

黄金圈法则是一种思维模式，它把思考和认识问题画成三个圈：最外面的圈层是"What"层面，也就是做什么，指的是事情的表象；中间的圈层是"How"层面，也就是怎么做，是实现目标的途径;最里边的圈层是"Why"层面,就是为什么做这件事(见图7-2)。

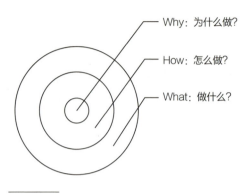

图7-2 黄金圈法则

绝大多数人思考、行动和交流的方式,都是在最外面的"What"圈层,也就是从"做什么"的圈层开始。黄金圈法则的思考顺序是从内向外,也就是按"Why—How—What"的顺序思考。

黄金圈法则第一步,思考"Why"。从内向外思考,在最里面的圈层思考为什么:你为什么要达到6 000万元的目标?你怀着什么样的信念?你的团队、客户为什么而存在?

黄金圈法则第二步,思考"How"。只有想明白了最内圈层的"Why",第二步才是思考中间圈层的"How",也就是怎么做。这个圈层就是要梳理如何实现"Why",用什么方式落实你的理念、价值观;

黄金圈法则第三步,思考"What"。如果"Why"和"How"梳理得很清晰,那"What"圈层的所要做的事就水到渠成了。

总结一下:不注重结果的人通常是缺乏目标的人,缺乏目标就难以让现实发生实质的改变。作为管理者,如果不能以结果为导向,低效的过程将会被加倍放大。我经常和我的团队成员说:"一个人和团队之所以没有结果,往往是因为目标制定不清晰和目标完成不坚定"。

> **管理者练习**
>
> 请管理者运用黄金圈法则按"Why—How—What"的顺序思考以下几个问题:
>
> 1. 你的团队的目标是什么?你为什么要达到这个目标?你怀着怎样的信念?
> 2. 你的团队如何实现这个目标?
> 3. 你的团队在实现这个目标的过程中,每个人的目标是什么?

7.2 定目标：目标的制定、宣讲与分解

一个人和团队之所以拿不到想要的结果，其本质是目标制定不清晰以及完成不坚定。下面，我将分享有关目标的制定、宣讲与分解等方面的内容，以及结合后面的章节里要讲的"抓过程"，从而更好地帮助管理者达到真正想要的结果。

目标是一切行动的原动力。很多人都会制定目标，有一部分人能够达成目标，但还有一部分人常常不能达成，这是因为他们对目标的期望强度不同。一个人对目标的期望强度越大，压力就越大，成功的概率也就越大。我们在阿里时称之为：**极度渴望成功，愿付非凡代价**。

作为管理者，你的期望强度决定了团队的目标是否能达成，以及达成的效率。因此，管理者自身的**期望强度必须够大，目标感和结果思维要够强**。管理者要让团队成员有清晰的目标感，要让团队的目标成为每一个成员发自内心想要的、具备自我驱动力和源动力的目标。这是一个管理者必须要修炼的课题。

据调查：这个世界上17%的人根本就没有目标，这些人大多生活在社会的最底层；有60%的人的目标是模糊的，生活在社会的中下层；20%的人有着短期的目标；最后只有3%的人有长远目标，这些人大都是社会的精英。制定目标不仅对个人的发展极其重要，对企业、团队也是如此。

制定目标

当管理者能够清晰地把目标感植入员工的思维时,就应该思考如何制定目标了。管理者在制定目标时,一定要根据团队的战略目标、定位与员工总体的业务水平来制定。否则很容易会出现"竹篮打水一场空"的情况。

我在为企业做培训的过程中,一位管理者给我讲过一个故事。

这位管理者从事汽车行业,当时正好赶上了汽车行业发展的一个小高峰,因此生意很不错。但在这之后他既不关心欧美国家的汽车行业的发展情况,也不分析周边各国的汽车行业的行情,甚至也不去了解国内汽车行业的布局。但他却给公司团队制定的目标是"成为汽车行业的龙头",而这时他的团队业绩才勉强破亿元。因为盲目地制定目标,在此之后该管理者不停地向团队成员施压,公司业绩也没有得到任何提升,最终使团队成员因压力过大而纷纷离职。

由上例可以看出,制定正确的目标对一个团队、一个企业来说十分重要,关系着团队的发展方向与企业的发展前景。那么,管理者要怎样才能制定正确的目标呢?

目标的制定方法有很多,其中 SMART 法则是帮助管理者制定目标的一个好方法。虽然这个方法老套,但胜在实用。通过 SMART 法则制定出的目标是具体的、可量化的,并且有清晰的时间点,可以将笼统的目标转化成可行性强的具体计划(见图 7-3)。

管理者根据 SMART 法则制定目标就是将梦想拉回现实。例如一家企业在号召全员健康跑步时,可以通过这样的思路去制定目标:每天下午5:30,全员在某街道跑步20分钟,在一个月内达到三分钟跑完800米的目标。这样的目标是清晰具体的,可以让人一目了然。而**不可量化的目标,充其量不过是一个想法**。

图7-3 SMART法则

在目标的制定方面,管理者除了用这种科学的方法外,还需要注意以下几点:

一是有效的目标制定必定是能够帮助团队实现自我突破的。例如阿里在制定目标时,有一句话非常重要:**今天最好的表现是明天最低的要求**。这句话是每一个阿里成员都清楚的,会让每一个人在目标方面不断突破,最终拥有"冠军心"。

二是管理者制定的目标,必须是跳一跳才能够得着的目标。目标完成也不能没有任何挑战,必须要稍微超出他的能力,这样在完成目标的时候,他才能得到成长。但目标制定的太高,超出自身能力的边界,就很容易让员工产生挫败感,降低他们的工作热情。

微软领袖比尔·盖茨强调："要站在行业的最高处来思考企业的发展。"管理者只有从行业顶端的角度去观察，才能明确企业的定位，确保企业制定的目标是从实际出发的，而非空中楼阁，否则就只会制定更多的目标，让员工做得更多，也错得更多。管理者只有制定出符合企业、团队发展趋势的目标，才是有效的目标。

三是**团队目标必须是每个员工目标的总和**。这是阿里高管俞朝翎提出的观点，对于管理者制定目标非常有效。在许多企业中，管理者制定目标都是由下而上，层层递增。例如，基层管理者根据团队的能力，制定出季度目标为完成 50 万元业绩；中级管理者可能会将任务加到 55 万元然后上调。以此类推，团队的目标到了最高管理者手中就变成了不可能完成的任务。真正有效的目标应该是员工自己制定的目标的总和，而不是管理者层层加码。

目标宣讲

在制定目标后，要把目标对整个团队不断宣讲，让团队的每个伙伴都明白团队的具体目标，这就是目标宣讲的意义。这不仅能够让管理者在宣讲的过程中判断目标制定的方向是否正确、目标是否具有可执行性等问题，还可以促进企业员工、团队成员共同协作实现目标。

目标宣讲的重点是：清晰地向团队成员传递为什么要达到这个目标？**人不会持续不断地去做自己都不知道为什么要做的事情**。因此，管理者要告诉团队的每一个成员制定这样的目标的理由是什么。例如为什么今天要做这样的工作？为什么我们要拿第一？每制定一个目标，特别是具有挑战性的目标，管理者务必要列出十条以上实现它的理由。管理者通过这些理由增强团队成员的信心，并帮助成员在企业、团队的大目标下制定自己的小目标。

管理者在进行目标宣讲时也要讲究方法：

一是管理者根据员工的类型分别宣讲目标。不同类型的员工，其工作效率、工作思路、理解能力等方面都不相同，因此管理者要根据员工的特质去宣讲目标。

二是管理者宣讲目标要集体沟通。管理者可以开展团队会议宣讲目标，再根据员工的建议修改目标，使上下目标一致。管理者在会议上也可以通过成功案例、先进员工分享等方式来激励其他员工，提高团队的集体荣誉感。

三是管理者在宣讲目标时，要适当地给员工提出建议，这样可以增强员工信心，促进目标实现。

四是管理者宣讲目标时，要鼓励员工"晒"出目标。员工"晒"出目标后，可以相互监督，也可以互相分享达成目标的方法经验，从而共同实现目标。

目标宣讲的过程就是不停问为什么的过程。通过这一过程激发员工的行动力量。这是将团队的大目标分解成小目标，然后让小目标落实到每一个员工身上的前提。

目标分解

阿里分解目标时常用的方法是：剥洋葱法。简单来讲，就是将大目标分解成若干小目标，再将小目标分解成若干更小的目标，具体分解到让每个人都明白自己每天的工作量。比如，公司要做100万元的业绩，存量有50万元，另外50万元怎么办？这50万元要根据员工的业务水平来考虑，包括员工每天的客户接待量、订单的转化率、需要拜访的客户量与沟通电话量等。最后目标分解的结果是：千斤重担人人挑，人人肩上有指标。

将大目标依次分解成一个个的小目标，并不是最考验管理者的地方。目标分解最难的是把目标从大到小拆完之后,再由小到大与每个团队成员的目标相统一、相关联,这样从团队成员的需求出发,激发他们达成目标的动力。

分解目标要根据资源与团队来进行分解。根据市场资源,如市场促销方法、行业时讯、成功案例等来将目标分成阶段。在发展期与成熟期,只有拥有完善管理体系的企业才能在市场上分得"蛋糕",此时其目标分解是围绕搭建管理体系进行的,让每一位员工能"在其位,谋其政",充分发挥自身的价值。

对于团队分解目标,管理者要充分考虑团队成员的个人资源、工作状态、发展规划等因素。例如,我在带领"大航海"团队时,把目标分解完以后,就要根据存量和团队成员的个人能力来分解目标。有一个团队成员的业务能力很强,分到的年指标是完成100万元的业绩。在与他互动时,了解他今年的个人规划是:过年结婚,并送给自己未来的老婆一个价值10万元左右的钻戒。了解了他的需求点,我告诉他,如果达成目标,年底的奖金足够让他实现这个小目标。管理者在分解目标后,要从团队成员的个人需求出发,与之相关联,这样才能在最大程度上激发团队成员的潜力,促进团队目标的实现。

要让目标管理更具有操作性,管理者就必须眼观四处、耳听八方,积极征求团队成员各方面的意见,通过集体智慧促进企业战略目标的确定与达成。管理者通过目标宣讲、分解与达成的过程,增强团队成员的认同感,增强团队的凝聚力。

管理者将个人目标汇总,制定出团队目标,然后宣讲目标,最后将团队目标分解,化整为零,根据团队成员的特质来分配具体目标,这就形成了一个良性且有效的定目标的流程。

管理者在制定、宣讲、分解目标后,还需要每一个企业员工、团队成员将这些目标落实到工作中,这样团体目标才能有效落地。这一过程就是下一节要介绍的重点内容:"追过程"。

管理者练习 / 管理者需要写下自己 2019 年或 2020 年的管理工作目标。

7.3 追过程一：
辅导员工成长的五大秘密武器

"定目标、追过程、拿结果"是实现团队目标的三大环节，其中追过程环节是行动环节，最为重要。

一个好目标能让员工热血沸腾，恨不得马上去实现它。**"拼到感动自己，努力到无能为力"**，还有**"极度渴望成功，愿付非凡代价"**等都是从心态上做好了充足战斗准备的表现，这些准备都是追过程的前提。除了员工要做好准备，管理者也是如此。否则，团队中就会出现许多问题。

例如：有的员工满怀激情地出发，结果遇到困难就开始打退堂鼓；有的员工会懈怠工作，开始偷懒、敷衍了事；有的员工可能很努力，但只感动了自己，业绩没有提升，目标也没有实现。出现这样"鼓声震天士气爆棚，上战场就损兵折将"的情况，归根到底就是管理者没有追好过程。

追过程不是对下属工作的简单监督与部署，也不是对其行动进行严厉控制的手段，而是协助下属解决在执行过程中所遇到的困难，使其一直处于工作的正常轨道上，按时保质地完成目标。如果员工在中途工作方向发生了偏离，管理者还可以通过追踪过程及时把偏离的方向拉回来。总而言之，追过程的目的可以分成以下三点：

1. 及时找到并纠正目标实施过程中出现的偏差；
2. 通过互相监督、加强竞争，激发员工的工作热情与进取心；
3. 根据市场变化、企业战略、团队状态等，灵活地调整目标，确保目标顺利执行。

要想实现追过程的目标，管理者要把控员工对产品的了解程度，要把控员工实现目标的必要技能，要把控每日、每周、每月工作流程的制度，还要把控员工过程中的起伏心态，最后还要把控过程中容易忽视的细节。这是对管理者莫大的考验。那么，管理者如何才能追好过程呢？

"**一米宽，一百米深，一把钢尺，要能够量到底**"。这是追好过程的关键，换言之就是做好辅导机制。阿里帮助员工成长的五大核心辅导机制包括：培训机制、分享机制、陪访机制、演练机制、Review机制，这对其他管理者有很大的借鉴价值与意义。

培训机制

一场培训影响不了结果，更改变不了结果。管理者能做的，就是去搭建培训的机制，通过这种长期的机制确保员工的成长。培训不是简简单单开个培训课程，培训的内容要有规划，包括培训后的实际操作训练等各种各样的内容。通过每周固定的培训去落实，使每一位员工通过培训机制熟悉产品、提升技能和专业水平。

阿里将人视为最宝贵的财富，为了帮助每一位阿里人长远的发展，阿里制定了完善的培训体系，包括新人系、专业系、管理系。这一培训机制覆盖了全体员工及运营岗位，让每一位员工从新人成长为专业技术过硬的人才，最后晋升为管理人员。

新人培训面向全体新进员工，通过5天的培训，帮助员工从看、信、行、思、分享这5个方面快速提升素养；专业培训是为了加深员工对公司战略与岗位的了解，培养员工的业务能力、专业技术、通用能力。专业培训的机构为运营大学、产品大学、技术大学及罗汉堂。管理系面对所有的管理人员，通过开设侠客行等课程提升各级管理者的组织能力。除此之外，阿里还建立了在线学习平台，为全体员工提供内部的学习平台与交流平台（见图7-4）。

图7-4 阿里人才培训梯队

中小企业可能无法建立如阿里这样完善的培训机制与机构，但管理者必须要加强对培训管理的重视程度，不能让培训只浮于表面，要将培训前的准备工作、培训工作、培训后的反馈工作落到实处。这样才能不断地促进员工成长，从而辅助团队达成目标。

分享机制

只有真正接触过业务，去过现场的员工对这一业务才最有发言权，分享机制就是让这些有经验的员工向其他员工分享宝贵的经验成果。

例如，员工签完订单可以向其他员工分享：订单是怎么开发的？怎么跟进的？怎么签订的？过程中有一些重要的点是如何突破的？如何去收款？而管理者需要做的就是为员工提供一个分享的平台与环境，让员工在分享的过程中沉淀大量成功的案例，互相教、互相学，收获实战经验。

阿里的分享机制中有一项非常有特色："晒"KPI。在这一工程中，阿里的员工会分享自己的目标、目标的完成情况、在实现目标的过程中遇见的问题，以及解决方法等内容。例如在每一次的"双11"活动之后，各部门员工都会根据数据来分析目标的达成情况，以及在此次活动中不圆满的地方。各个团队成员一起讨论，分享自己的想法，力求在下一次活动能够表现完美。分享机制可以增加团队成员之间的交流和协作。

分享机制还可以使员工互相监督，避免员工在工作上出现懈怠、敷衍了事的情况，让每一位员工在团队中找到一个竞争对手，在比赛中锻炼自己、提升自己。曾经，我的团队中有个年纪较小的女孩完成了上百万元的业绩，在她分享经验时，我能看到坐在下面的老员工们不自然的表情，还有因为认真思考而抿紧的嘴唇。这些员工并没有嫉妒她取得的成就，而是将她视为竞争对手，并不断地向她学习，从而突破自我。

除此之外，分享机制还有利于管理者对员工进行激励，提升员工对团队、对企业的认同感。管理者可以在分享的过程中，奖励那些达到目标的员工，针对目标未达成的员工给予建议。这样能够提升员工对管理者的信任感，充分调动员工的积极性。

演练机制

演练机制与培训机制有重合的部分，但培训机制主要针对全体员工，而演练机制主要针对新人。在新人到岗之后，演练机制必须贯彻到底。"任何一个神枪手，都是子弹喂出来的"，老练的员工也是通过演练与实战成长起来的。

演练机制可以理解为实战模拟，管理者和员工通过模拟情景，发现实现目标的计划中出现的漏洞，通过共同分析、讨论得出弥补漏洞的方法。

例如销售岗位的员工每天拜访完客户，晚上回到公司，就要开始实战演练了。在演练的过程中，最真实地还原现场。如果明天的目标是完成 10 万元订单、20 万元订单，那么在这之前一定要先做好客户分析，比如客户的反对意见是什么？竞争对手是什么状况？然后，你当老板，我当销售员；我当老板，你当销售员，反复进行演练。第二天拿着合同，胸有成竹地上门签单，这就是演练机制。

首先，管理者在运行管理机制时必须要有明确的主题，选择有针对性的客户场景，这样才能进行有效的演练；其次，管理者在每次演练结束后，要进行点评，指出员工的优点与问题，并提出改进意见，为下一次演练与实战积累经验，最终促进目标达成。

陪访机制

陪访机制就是在团队中实行"老人带新人"的方式，让新员工得到快速地成长。一般而言，"老人"是指团队中能力出众的员工或者是管理者自身，他们发挥着"导师"的作用，比如在陪访的过程中，及时地发现被陪访员工的问题，并帮助他们解决问题。

在阿里也有管理者陪访机制，包括师徒陪访。阿里师徒陪访机制有 16 字方针：**我说你听，我做你看，你说我听，你做我看**。一般拜访第一家客户时，师傅会先让徒弟拎包，让他好好观察如何与客户交谈。拜访下一家时，师傅会让徒弟与顾客交谈，回到公司后师傅会总结遇到的问题。管理者或者老员工在陪访的过程中发挥着巨大的作用，实时地帮助新员工不断地改进、突破自我。我们可以通过事例来了解陪访的过程、目的以及其他注意事项。

陈经理是某销售公司的管理者。他在陪访前会做好准备工作，如准备好客户资料、初步了解新员工的能力、复盘以前的销售细节等。在陪访时，先向被陪访人员李丽介绍公司客户的特征、与客户交流的话术，然后再和她去与客户交谈，并且让李丽在这个过程中做好笔记。

在第二次进行客户面谈时，以李丽为主，陈经理在一旁负责协助。陪访结束后，陈经理会分析李丽出现的问题，给予建议，并鼓励她积极地去开发客户。对于每一位被陪访员工出现的问题，陈经理都会记录下来，并在集体会议中提出，让员工讨论，并分享应对这类问题的经验。不仅如此，陈经理还会在会议上分享自己的陪访心得，并根据员工的意见进行改进，以便下一次陪访。

这样的陪访才是完整且有效的，能够真正地解决问题。管理者在陪访时，最重要的就是写陪访记录，这是开展讨论与分析问题的前提条件。表7-1是陪访记录需要包含的内容：

表7-1　陪访内容记录表

陪访记录表	
被陪访员工：李丽	
陪访目的	1. 了解李丽的路线安排
	2. 了解李丽的谈判技能
陪访内容	1. 9:30，打电话突击安排与李丽见面，并与她一起去和第一个客户面谈
	2. 李丽认为客户在"产品的现价比其他公司贵"这一问题存在异议，认为与客户没有谈判的余地，因此没有进入谈判阶段

(续)

陪访内容	3. 11:30，李丽到达第二个客户处，但客户已经离开。由此可见李丽的时间安排不合理，这样很容易造成客户流失	
陪访评估	优势	1. 能够虚心接受和采纳别人的建议，有较强的学习能力和变通能力
		2. 有很强的自尊心，急于表现自己，想向别人证明自己可以做得更好
	问题	李丽在跟进客户时，不能与上次谈判的进度有效联结起来，在判断客户真实想法方面存在不足，没有完整的工作思路
陪访建议	1. 李丽在下次与客户面谈前，必须注意事前的电话约访和路线安排，提高工作效率	
	2. 事先做好计划，确保在跟进客户时不会被打断思路	

管理者可以通过上述例子了解陪访的关键是记录问题、解决问题。管理者在进行每一次陪访时，都要有明确的目标与主题，还可以通过适当的突击陪访，有效地检查员工的工作状态，发现其平时隐藏的问题，避免因此在日后造成更大的损失。

管理者在陪访时尤其要注意的是"大树底下不长草"，即给员工成长的机会和空间，允许员工犯错，这样才能让员工在改正错误的过程中不断地提升自身的能力。当然这并不是要管理者一手包办，而是要员工在陪访的过程中有自己的思考，这与"授人以鱼，不如授人以渔"是相同的道理。

Review 机制

Review 机制是十分重要的机制，我将会在后面的内容中详细地介绍并分析这一机制，这里就不再赘述。

以上就是阿里管理者追过程时使用的秘密武器，通过这五大武器可以让管理者及时地帮助员工纠正方向、调整方法、补充知识、习得技能。追过程的关键就是要落实到位。"一米宽，一百米深，一把钢尺，要能够量到底"。

管理者练习 / 管理者完善团队的五大核心辅导机制：培训机制、分享机制、陪访机制、演练机制、Review 机制。如果企业还没有这五大机制，请管理者务必尽快制定出来。

7.4 追过程二：
找到藏在日常管理动作中的诀窍

管理者在追过程时除了可以运用上节介绍的五大机制之外，还有很多管理抓手可以应用。作为管理者，我们不能什么都管，要放手让员工去成长，容许他们犯点小错。说到这里，可能有的管理者会感到疑惑：在追过程时到底要放什么？抓什么？

只抓结果，不把控过程，这让管理者不能放心结果；只抓过程，管理者没有时间天天陪着员工跑市场；过程结果两手抓就更不对了，这会耗费管理者大量的时间与精力。要想正确地把握抓结果与把控过程之间的平衡，管理者需要把下属变成助手，其中的诀窍就藏在管理者日常的管理行为中。下面，我将站在对日报、早会、周会以及月会的把控角度，来分享追过程、拿结果的诀窍。

日报

目前，许多"90后""00后"员工认为工作日报只是管理者监管员工的工具，并且在大部分企业只是走形式，许多员工都是敷衍地写，管理者也不会仔细去看日报的内容。员工认为：写日报是在浪费时间，降低工作效率，管理者犯了形式主义的错误。但为什么阿里等名企依旧在实行日报制度，更有甚者还将其纳入绩效管理与考核中呢？

"对于上司来说,最让人心焦的就是无法掌握各项工作的进度",江口克彦这句话说出了大多数管理者的心声。而日报,是帮助管理者了解工作进度的重要工具,避免了企业出现上下级信息不对称的情况。管理者还可以通过日报发现员工在工作上出现的问题,在进行反馈时,可提出改进建议。

日报可以让员工对一天的工作进行总结,明确工作目标是否达成,分析工作中出现的问题,让员工学会思考。员工可以通过日报制定每天的工作计划,不断地提升规划能力,提高工作效率。还为员工制定下一步目标提供了依据。不写日报的员工,可能在工作时毫无章法,做到哪里算哪里,没有目标也没有方向。这就是"先射击后画靶",可能最后一个业务指标都不能完成。图7-5是我在带"大航海"团队时做的日报。

图7-5 工作日报

存在即合理,日报制度的实施是因为它能够带给管理者与员工不同的益处,从而促进公司的不断发展。有许多管理者认为日报就是"员工写——管理者看——反馈"的一线式过程,实行起来十分简单。但在实行的过程中很容易变成为写日报而写日报,流于形式。因此，管理者需要问问自己：你真的会用吗？你用得对吗？

管理者让员工写日报，且每个日报的内容可能都差不多，例如：今天都做了什么？拜访了几个客户？业绩多少？明天的计划是什么？但日报对每个员工的实际作用也有所不同，管理者要想将日报的效果发挥到极致，就必须运用以下诀窍：

第一个诀窍：员工不会做你希望的，只会做你检查的

员工能不能按时交日报？员工写的日报质量是否过关？这就是管理者应该管控的部分。在写日报的过程中，管理者要规定日报的最迟提交时间与质量门槛，否则日报制度就很难进行下去。例如：有员工在今天凌晨00点10分交日报，管理者没有发话，那么下次他可能就会在第二天早上7点交日报。这时候，管理者再不表态，他可能就不会再写日报了。有一个员工敷衍着写日报，管理者在第一天没表态，第二天全部人都会敷衍着写日报，这样就会造成日报的"命还在，魂没了"的状况。

管理者应该明白这样一个道理：**员工不会做你希望的，只会做你检查的。团队的执行力就是主管的执行力。员工的行为底线就是主管的管理底线。**总有员工喜欢在管理底线的边缘来回试探，这时候就需要建立一个清晰的奖惩制度，或者直接将日报纳入绩效考核之中，确保团队把日报写作坚持下去。图7-6是我在带"滨海时代"这支团队时发邮件给团队成员，要求他们写日报的内容。

第二个诀窍：管理者要用日报去追核心关键点，这才算用对了日报

例如，管理者让销售人员去做产品的邮件推广时，让他们用日报反馈发邮件的数量显然是没有用的。因为一键群发，几百封邮件瞬间发出不在话下，操作起来十分简单。管理者应该用日报追客户询价的邮件回复数量。因为客户询价的邮件数量是核心过程指标，是管理者在每天看日报时都应该去关注的关键点。

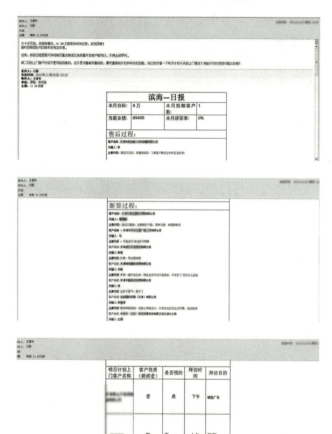

图7-6 对员工写日报的要求

为了让员工写的日报简单而有效,管理者可以推荐一些写日报的方法,例如"KPTP工作法+总结的协作方法"(见图7-7)。

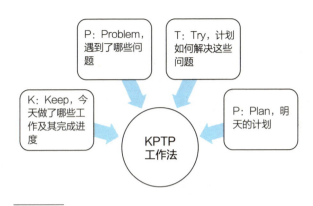

图 7-7 KPTP 工作法

员工通过有序的方式去写日报,不仅可以提升自己归纳总结的能力,还可以让管理者迅速地抓住重点,提供反馈意见,提高工作效率。

早会

除了日报,管理者还可以通过开会来追过程。例如早会、周会、月会、启动会等会议。特别是早会、周会和月会,这是追过程的三大利器。

"一日之计在于晨",早会可以提高团队的士气,传递企业的价值观与文化,展现企业员工、团队的精气神。管理者要想通过早会追过程,必须先了解早会的目的,只有知道了目的,才不会拘泥于形式。管理者举行早会的目的可以概括为以下几点:

- 鼓舞士气:管理者利用早会宣扬正能量,促使员工保持良好的工作状态,增强员工的信心。
- 创建并弘扬企业的文化,统一团队的价值观,使团队一条心,促进团队目标的达成。
- 促进员工共享经验,加强员工之间的交流,有利于和谐团队的建设。

- 为管理者进行奖励与惩罚提供平台，促使团队成员不断提升自我。
- 部署团队的重点工作，提高管理者的威信力，确保战略目标的实现。

管理者在了解开早会的目的后，还需要关注"结果背后的结果"，不能为了走形式而开会。除此之外，管理者在早会上一定不能批评员工，不能传播负能量，不能扩大问题，这样会打击员工一天的积极性，降低员工的工作效率。

例如，阿里巴巴"诚信通铁军"的早会"早启动"一般是由员工轮流主持，分为四个组成部分。第一个部分是小游戏，如"疯狂来往"，使员工活跃起来，激发其工作热情；第二个部分是由管理者通知企业的重大事项，包括企业战略方向的调整、巨大的人事变动、新产品设计与研发等内容；第三个部分是管理者或者主持人宣讲目标，使每个员工都明确企业、团队的目标节点与任务量。在这一过程中，员工可以互相讨论，提出自己的建议与想法，管理者会考虑是否做出调整；第四个部分是员工根据企业、团体目标设定自己当天的工作目标，包括当日的签单量、访问顾客的数量、签约金额的大小，以及达成目标需要采用的方法等。

"早启动"要将早会的每一个目标都落到实处，其核心宗旨是以结果为导向的，就是用简单明了的方法去解决问题。在解决问题的过程中进行文化熏陶。

管理者要想举行一个有效的早会，除了上述内容以外，还可以运用以下技巧。

管理者必须建立早会的惩罚与奖励机制。例如阿里在开早会时，不允许有人迟到，这是开早会必须遵守的原则与底线，因为迟到违背了阿里的基本价值观。除此之外，管理者还可以在早会上奖励模范员工，从而激发员工的工作热情。

管理者在开早会时，不能实行"一言堂"，要让员工能够表现自己，表达自己的想法；要让员工相互沟通、相互讨论，避免工作对接出现问题。

早会主持人的选择至关重要，特别是在工作部署、重大事项通知的环节最好由管理者本人进行主持。因为管理者能够整体地把握企业与团队，由管理者主持这方面的内容，有助于通知到位以及工作的正确部署。

通过以上方法，管理者可以将早会控制在半小时内，且效果也能达到预期，帮助管理者更好地追过程。

周会

周会不仅是对工作进度进行的阶段性总结，也是一个短期的 PDCA 循环（见图 7-8）。通过这一循环能够及时地发现并解决问题。

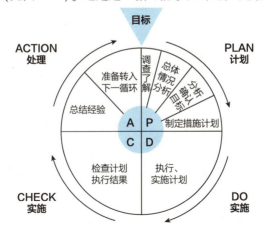

图 7-8 周会的 PDCA 循环

开周会的目的一般包括：同步团队成员间的信息；解决员工存在的问题，明确需要团队协作的事项；讨论对企业、对团队有建设意义的话题，如工作流程的改进、目标制定方式的改善等内容；传递企业的价值观与文化，增强员工的认同感。周会的开展对每一位员工、每一个团队、企业十分重要，因此周会往往与业绩深度挂钩。那么要想开好周会有哪些诀窍呢？

第一个诀窍：结果是对过程最好的检验，要去除伪过程

管理者不仅要让每个员工详细分享上周的工作过程，拿过程数据说话，还要让员工认真地去做上周的客户盘点。一个是过程数据，一个是结果数据。假设一个员工的过程数据很好，结果在进行客户盘点时，发现 A 类客户、B 类客户一个都没有，那么这个过程数据肯定有问题，要么是造假，要么是员工的技能水平不合格，需要重点关注。过程数据是过程层面的数据，是表象的，需要管理者去检验这些数据。

例如销售人员的拜访客户量是一个过程数据，具有一定的评估意义。管理者检验这个数据，就是在检验员工的努力是否用对了地方，或者员工是否真的努力了。员工的任何成就都不仅仅靠数据说话，更需要靠结果说话。对过程最好的检验是结果，要去除伪过程。

第二个诀窍，运用周会，做好产品的培训

早会的时间太短，培训会影响员工的状态，耽误员工的时间。月会培训的频率较低，一年只有 12 次，每月一次的培训频率既改变不了过程，也影响不了结果。周会，是最好的培训时间段，有最合适的培训频率。周会培训一定不要做大而全的产品培训，周会应拿出一个产品的一个点来进行深度的培训探讨。

第三个诀窍，环节要简单，复杂是落不了地的

周会的内容分为三个模块：一是过程数据的总结；二是客户的盘点；三是产品的培训。这三个环节看似简单，但要想有效开展，将这几个环节落到实处，需要花费的时间较长。

月会

有的管理者将月会变成月总结或客户盘点分析的平台，包括制定团队目标规划，了解团队建设及需求等各方面的内容。

例如阿里就将月会开成了动员大会。阿里有 12 个月业绩大周会，这也是阿里 12 个月为了冲业绩召开的动员大会。在动员大会上，并不是空洞地喊口号、表决心，而是为员工提供了一个表达自我的平台，用情感去感染其他人。员工十分投入地在台上诉说自己的成长历程、感恩的心情、达成目标的喜悦等内容，他们的喜怒哀乐让所有人都感同身受。这样的月会，可以让员工感受到管理者、企业对他们的尊重与关心，感受到团队的温暖，这是用真心去交换真心的会议。阿里这种形式的月会可以增强员工的归属感，满足员工情感的需求，从而让员工积极地完成工作，达成目标，获得更好的结果。

每一家企业的月会形式都不一样，这需要管理者根据团队、企业的实际情况去选择月会的形式。但归根到底，管理者在开展月会时要有明确的主题、可落实的方案，只有这样才能充分发挥月会的作用。

做好追过程，是有管理抓手的，而这些诀窍就藏在管理者日常**的管理行为中。**需要管理者用心地将日报、早会、周会、月会等各种会议落到实处，并将其做细、做深、做透。我之所以一再强调管理者要做好追过程工作，归根到底就是管理者**要通过保障流程，**来保障员工目标必达，员工因此可以得到好的结果，不断提升目标必达的信心。员工通过得到一个好结果，更懂得了管理者把控过程的良苦用心，从而慢慢去养成脚踏实地工作的习惯。

管理者练习 / 请管理参考以下的内容做早会、周会、月会。

1. 早会：组织分享、制定计划
2. 周会：重点在于把控过程，辅导技能，重点做好以下几点：

(1) 过程数据总结：内容包括一周过程数据的总结（询盘数、开发信、电话量等），过程亮点、经验分享；

(2) 客户盘点：内容包括本周新开发 A、B 类客户的盘点，重点客户的跟进分析（详细、深入、给出方法）；

(3) 产品培训：内容包括主题类产品培训，深度探讨。

注意：
结果是对过程最好的检验，去除伪过程；
周会重点在于客户分析，对员工辅导并教会其分析方法；
从管理视角发现员工问题；
选择初期辅导人极为重要，既要懂产品、又要懂销售，能够指出员工存在的问题并给出方法。

3. 月会：重点关注以下几个方面：

(1) 月总结：内容包括月目标达成情况及分析、过程数据总结，重点客户分析，客户情况详解（需求、关键人、障碍、合作时间等）；

(2) 下月目标及规划：内容包括制定清晰的目标、研究客户组成、对过程量化，提出团队建议及其他需求。

7.5 拿结果一：
做好 Review 的三个重要维度

在前文中，我介绍了阿里帮助员工成长的五大核心辅导机制中的前四个机制，这里和大家重点聊一聊阿里的 Review 机制。

Review，在阿里被称为述职或复盘，很多企业也把它叫作绩效面谈。

可能很多管理者之前没有听过 Review 机制，这个机制是在阿里创立之初，阿里高层亲自为整个基层管理者打造的。

提起 Review，现在很多企业管理者有颇多误解。有的人认为 Review 就是"扒皮"大会，就是要员工痛苦流泪，以驳斥为主。这些都是以讹传讹，因为**任何不能为员工赋能的 Review 都是失败的**。

Review 机制是阿里管理体系中一个非常有效的落地工具，它能帮助员工、帮助团队，甚至帮助整个组织有效的成长与赋能。

那么，管理者应该如何做好 Review 呢？

Review 机制的三个维度

Review 机制主要有三个维度：结果维度、策略维度和团队维度（见图 7-9）。

❶ 结果维度

结果维度是对整个事件的完整复盘，管理者首先确保团队成员对目标达成共识，然后再对过程进行层层分析，最后再对核心关键点指标进行设置。经过这个复盘过程，基本上就能够把整个事情的全貌看得清清楚楚，哪里做得好、哪里有问题一目了然。

图7-9 "Review机制"的三个维度

在结果维度中，最重要的是对过程数据抽丝剥茧地深度思考和相互沟通。阿里在进行 Review 的过程中，都会要求团队成员提供这个阶段的数据、业绩和成长点，在这个过程中我们会发现有些员工提供的数据是存在问题的。

我们可以通过 Review，把数据背后的问题拎出来，并发挥集体的智慧，让大家一起来分析为什么会出现这样的情况？比如，团队本月的目标是完成 100 万元的业绩，但最后目标却只完成了 70 万元，背后的原因是什么？是团队状态不好？还是方法有问题？当然，我们不仅要发现问题，更要找到解决方法。在阿里，这个"找出问题、解决问题"过程也叫"不断给药的过程"。

除了对过程数据抽丝剥茧，Review 中还有一个重点，那就是对核心关键点指标进行设置。在一个时间段内，我们只需要抓少数的核心关键点指标，甚至只看一个数据表现。比如，在企业休养生息期，我们只抓业务拜访量；在企业高歌猛进期，我们只抓业绩达成率；企业在业务转型期，我们只抓新客户数量。管理者应该和员工对一段时期内的核心关键点指标达成共识，共同设置并对其形成有利的监督机制，"死抓"提升关键点指标的要素，并和企业的大战略保持一致性。

在阿里有句话叫：**今天最好的表现是明天最低的要求**。在这里可解释为不管这次 Review 做得多好，它都已经是过去的表现了，在下个阶段需要有更好的表现。关于这一点，无论是管理者还是团队成员，都应该有清楚的认识。

❷ **策略维度**

策略维度的 Review 是系统地总结目标达成过程中的成功经验和失败教训。要知道，在每一个目标的达成过程中，使用的方法未必全部相同。所以，管理者要深入了解团队成员达成目标所运用的方式方法。

如果有好的结果又有好的过程，管理者可以马上在同级管理者中分享经验；

如果有好的结果但是没有好的过程，管理者一定要警醒和反思，因为好运气不可能永远伴随；

如果有好的过程却没有好的结果，管理者务必要重新审视整个过程，因为其中一定存在着某些问题，要么报喜未报忧，要么执行过于粗枝大叶。

如果既没有好的过程也没有好的结果，管理者就要先了解团队的状态，然后共同探寻改进方案，必要时还需要签署绩效改进书。如果持续两个季度情况依然如此，就要调整员工的岗位或是做出辞退的决定了。

策略维度的重点是定标准，要根据团队的实际情况制定出这次任务好的标准，然后与团队成员达成共识，最后按照这个标准判断过程和结果的好坏。

❸ **团队维度**

结果维度和策略维度的 Review 是从项目、事件的角度来做的，而团队维度的 Review 则是从团队、人的角度来做的。管理者需要谨记的是，我们重视什么，就需要对什么投入时间和资源，团队永远是管理者做业务工作最大的保障，所以最需要花时间来沟通。

团队维度的 Review 核心在于赋能。而在赋能之前，先要找到问题所在。只有找准地方，才能一针见血地指出问题，让员工进行深度反思，更加清晰地认识自己，发现自己的不足，进而找到行动的力量。

在阿里，我们常说："一切不能赋能给员工的 Review 都是失败的。"在大家达成共识的基础上，给团队以方法和行动指南，以及让他们心动的理由、修炼的场景、成长的舞台和行动的力量，帮助个人和团队不断提升。

除此以外，团队维度的 Review 也是最佳的团建方式。在这个过程中，我们不仅能磨合彼此的关系，还能看看大家是否信任身边的伙伴，是否相信自己的团队，是否相信这件事能做成。

以上内容就是做好 Review 最核心的三个维度，那么接下来，我们来看一看 Review 机制的具体落地过程。

Review 机制的落地方法

在 Review 的过程中，所有提问都是在培养管理者对于人的重视程度，因此 Review 是固化员工价值观和管理语言以及行为的最好时机，既要做到循循善诱、加油鼓励，也要做到当头棒喝、丑话当先。

Review 的频率一般是三个月一次，但是由于各自的业务周期不同，不同部门的 Review 频率也不一样。比如，业务周期短、迭代快速的部门一个月 Review 一次；支持协助型部门可以半年 Review 一次。进行 Review 时，应该由业务管理者和 HR 共同参与面谈，一一般来说，Review 可以分为三步：

❶ 第一步：倾听

首先，Review 对象要进行自我阐述，这时候管理者要以对方为主，做到"三分提问、七分倾听"，要抱着支持对方、鼓励对方、协助对方的心态来倾听，不要一上来就挑毛病；其次，管理者要引导对方多说，说得越多，暴露的问题也就越多，改进的空间也越多。

❷ 第二步：排毒

之所以把这一步称为排毒，是因为在这一步，管理者要瞄准大家共同发现的问题进行深入剖析，找出背后的真实原因。在排毒的过程中 Review 对象一定会感觉痛苦，但是只要他能够克服，就一定会有收获。管理者在为 Review 对象做排毒时也要充分地准备，务必要让对方有所收获。

❸ 第三步：给反馈

给 Review 对象一个真实的反馈，管理者既要敢于棒喝，又要乐于赞美，还要做到立场坚定，给 Review 对象的信息要明确，要让对方知道自己哪里需要改进，应该怎样做。

给员工反馈的过程也是"给药"的过程，"药"分为"猛药"和"慢药"，有的员工必须"下猛药"才能帮助他成长；而有的员工则需要"下慢药"，多鼓励、多赞美才能激发他的动力。另外，不同的时机也要下不同的"药"，管理者在"给药"时必须要做到心中有数，分清"给药"的对象，把握"给药"的时机，这是 Review 实施过程中最重要的一个环节。

Review 机制对管理者的作用和意义

Review 机制不仅是管理者提升团队效率、拿结果的有效管理工具。同时，对于管理者自身来说，Review 也是一个反思自己、帮助团队成长的重要手段。对管理者来说，Review 机制有以下三个重要作用：

❶ 照镜子

每一个员工 Review 的过程都是管理者照镜子的过程，无论是员工反馈公司内训问题，还是员工反馈公司流程及制度等相关问题，都是管理者需要审视和反思的，因为团队一切的问题都是管理者的问题。以自己为镜，可以做别人的镜子，以别人为镜，能够将自我完善。

❷ 闻味道

每一个员工在 Review 的过程中都会全面地展现自己，此时管理者要发现员工身上的文化属性与价值观是否与公司匹配，要"闻"出不一样的"味道"。管理者始终要记住，只有志同道合的人在一起，才能走得更远。

❸ 揪头发

Review 的核心是帮助员工成长，"揪头发"往上提，帮助员工上一个台阶思考问题，锻炼员工的"眼界"，培养向上思考、全面思考和系统思考的能力。把每一个员工往上提，就是把整个团队往上提。

以上就是关于 Review 的全部重点内容。最后，我为大家总结了 Review 的三个重要原则：

一是以对方为主，三分提问，七分倾听，支持协助为初心；

二是进门有准备，出门有力量，过程有苦痛，每次有期待；

三是敢于棒喝，乐于赞美，丑话当先，立场坚定，信息明确。

希望这三个原则能对管理者有所帮助。Review 机制的初衷是帮助员工，为员工赋能，如果管理者能抱着成就员工的心态去做 Review，这就足够了。

管理者练习 / 请管理者参考以下原则做一次 Review：

1. 以对方为主，三分提问，七分倾听，支持协助为初心；
2. 进门有准备，出门有力量，过程有苦痛，每次有期待；
3. 敢于棒喝，乐于赞美，丑话当先，立场坚定，信息明确。

7.6 拿结果二：
客户盘点，锁定高价值用户

在本章的前几节中，我讲到了定目标、追过程和拿结果，通过这些动作我们已经把团队的基本功练扎实了。不过，从全局的角度来看，我们还有一项重要的工作需要完成，那就是客户盘点。

经过多年的市场实践，我们不难发现，用户不是千篇一律的，就算我们始终针对细分市场不断地进行价值创新，依然不能牢牢掌握整个市场，也无法满足所有用户的需求。

虽然，细分市场的用户对于我们来说都是有价值的用户，但这些有价值的用户中，只有一小部分用户属于高价值用户，他们贡献的价值远远超过其他用户。这就是我们常说的"二八原则"，**20%的用户贡献了 80% 以上的价值。**

为了锁定这 20% 的高价值用户，管理者必须进行客户盘点，找到那些具有高价值的小部分用户，并对其进行重点服务，只有这样才能保证达成业绩指标。

客户盘点的方法有很多，有的公司按照合同金额大小分类，有的公司按照合作时长分类，还有的公司按照客户的体量分类。客户分类的形式多种多样，但是其宗旨基本一致，那就是方便管理者区分不同价值的客户，大家可以根据自己工作的特性选择合适的方法。在本节中，我会根据自己在阿里的直销经验，来跟大家分享如何做客户盘点。

客户盘点模式——蜘蛛爬行式盘点

在阿里,我们做客户盘点的核心模式是"蜘蛛爬行式盘点",我相信很多人听到这个名字会一头雾水,到底什么是"蜘蛛爬行式盘点"呢?

我先给大家举个简单的例子:谷歌的搜索模式是垂直搜索,就是搜索的关键词与搜索内容的重合部分占的比重越多,那么搜索出来的东西越深入、越有价值。我们之前的客户盘点模式也是垂直盘点,就是对每一位客户做细致入微的分析。但是,过了一段时间以后,我们发现在垂直盘点模式下每一位客户都是一个独立的个体,很难对具有类似背景的客户进行归类,这给后期的客户服务工作造成了很大的压力。

后期我们再做客户的盘点时会根据客户背景把客户分为 A 类客户、B 类客户、C 类客户和 D 类客户,等把所有的客户分类完,结果就会像蜘蛛的腿一样伸展开来,清晰明了(见图 7-10)。

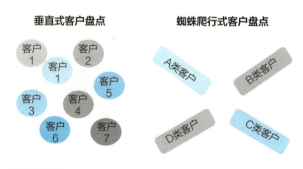

图 7-10 两种客户盘点方式对比

我刚才说到阿里会把客户分为 ABCD 四类,那么,这四种类型的客户分别是哪些人呢?通过表 7-2,大家就可以明白了。

表 7-2　ABCD 四类客户的分类

客户类型	KP（销售中的决策人）是否有意向	产品是否可出口	是否有外贸团队	签单时间
A 类客户	是	是	是	本月以内
B 类客户	是	是	是	三个月以内
C 类客户	是	是	是	半年以内
D 类客户	否	否	否	无签单意愿

从上表中，我们可以看出盘点客户的分类标准为：KP（销售中的决策人）是否有意愿，产品是否可以出口，公司是否有外贸团队，签单时间。ABC 三类客户的前三个指标都是相同的，只是签单时间有区别。而 D 类客户没有签单意愿，所以 D 类客户就是我们要放弃的客户。所以，盘点客户的核心标准就是签单时间。

大家可能会觉得将签单时间作为盘点的标准有点太简单，的确如此。这是阿里最早的盘点模式，后来我们在每一条标准的后面都做了延伸。比如，KP 有意向，是跟阿里合作有意向，还是有做外贸的意向？产品可以出口，那产品的退税是多少？是什么产品？公司有外贸团队，那么外贸团队有多少人？外贸团队的能力如何？我们可以再根据这些标准对用户进行进一步细分，最终形成完善的客户盘点表。

阿里的客户盘点原则

在阿里的客户盘点中，有一个原则需要管理者格外注意，那就是：**客户的分类与团队成员的个人能力有很大关联**。这是什么意思呢？

举个例子，有一位客户一直犹豫不决，迟迟不肯签单，于是团队将其划分为半年内可签单的 C 类客户。但是，销售人员不断提升自己的业务水平，又经过了一番努力后，把原本计划半年内签单的客户提前签了，一个月内就可以完成。那么，这位客户就可以重新划分为A类客户。

所以说客户盘点不是一成不变的，它是个动态的过程，一次盘点的结果后期还有可能出现变动。因此，在团队成员能力欠缺的时候，要给客户贴更多的标签，要尽可能地把客户盘点工作做得非常细，这样客户类型才能更明确。如果团队成员能力很强，就可以适当地减少客户标签，这样可以涵盖到更多的客户，增加签单的可能。

客户盘点不但能使我们清楚手中已有的客户，还能够提高客户的续签率，发现业绩的增长点，很好地把控目标的完成进度。通过客户盘点，管理者可以更清楚地了解手中的客户资源，弄清楚哪些客户资源可以转化成业绩，然后根据以往的数据统计预估出团队下一阶段的业绩目标。

有的管理者在定目标的时候喜欢"闭眼瞎说"，最后造成的结果就是"月初拍胸脯、月中拍脑门、月底拍屁股"。这是因为月初定的目标没有一点根据，没有达成目标的路径和方法，所以基本上都是以落空告终。而客户盘点可以让管理者在制定业绩目标时更加有理有据，也能够提供达成业绩的路径，所以管理者一定要做好业绩盘点工作。

在阿里，客户盘点从来都不是一句空话，它是落实到每周的常规工作中。在每周的周会上，管理者都会带领团队盘点本周新开发的A、B类客户，并分析重点客户的跟进情况，分析不仅要详细深入，还要给出具体的操作方法，因为只有这样，才能拿到结果。

管理者练习 / 让你的团队对客户进行一次盘点，分出 ABC 类客户，然后管理者针对每个员工的客户根据其能力进行复盘。

PART 3

第 3 部分

领导力修炼

第 8 章
领导力三大修炼:"揪头发""照镜子""闻味道"

第 8 章
领导力三大修炼:"揪头发""照镜子""闻味道"

真正的领导者往往是从自身寻求答案,而不是去外界找理由;有眼光,有胸怀,有实力,这是一个企业家必须具备的三个特质。

8.1 "揪头发":
培养见木又见林的系统思维

通过系统地了解"管理三板斧"的理论篇、招开人、建团队以及拿结果四个模块后,管理者会发现,真正把"管理三板斧"用在自己的管理工作中是最大的考验,也是管理者需要不断修炼的地方。那么,管理者需要修炼哪些方面呢?

作为一个管理者,需要不断修炼自己的眼界、胸怀和心力。在阿里,这三方面有专属名词,即"揪头发""照镜子""闻味道",这是管理者修炼的核心,也是阿里高度重视的管理者素养。在本节中,我将会从"揪头发"出发进行详细分析,来帮助管理者提升自己的领导力。

"揪头发"是一种向上思考的思维方式,可以使管理者从更大的范围和更长的时间来考虑团队中出现的问题,从而培养全面思考和系统思考的能力。例如:当两个部门之间出现问题时,管理者需要从上级的角度看问题、换位思考。如果这个问题是由上级来处理,他会怎么做?甚至让它成为一种思考习惯。

"揪头发"的目的就是避免管理者出现本位主义、急功近利、圈子利益的问题。以圈子利益为例,每个公司都有很多大大小小的团队,团队之间一定存在着一定的联系。小团队的管理者,常常是各自为战,往往是以自己的利益为主,很少思考其他团队的得失,更难以在大团队的战略与小团队的发展之间做好取舍。这些问题的出现都是由于管理者只从自己的小团队出发，没有上一个台阶看问题，也没有系统思考。如果管理者出现这样的问题，那就需要"揪一揪头发"。那么怎样才能"揪头发"呢？

一个好的管理者在思维层次上至少需要做到"三揪"。

"揪眼皮"： 开阔眼界， 看得更清楚

"揪眼皮"就是管理者要让自己眼界开阔，看得更清楚。

在阿里，最直接的训练方法从大到小分别是：

- 做行业历史与发展趋势的分析；
- 做竞争对手的数据整理与竞争分析；
- 做产品及业务的详细规划与发展分析。

这里所有的分析并不是一张简单的数据表，而是由三位以上的管理者做同一个主题分析，然后在同一时间集中汇报，并由专业评委评出名次，记录到管理者评级体系中。在这个过程中，管理者最大的受益就是"教学相长"，给别人解释的同时，更能让自己想清楚。

管理者在开阔眼界、明确自我、提升自我时要从"广"与"深"两个方面入手。

开阔眼界，首先要打开视野，看得更广。在2016年阿里的云栖大会上，阿里的高层用自己广阔的眼界预言了电商行业的前景，为电商开创了新的发展方向——新零售。阿里认为纯电商在未来的20年将会迅速地向新零售的方向转变，将会形成线上、线下与物流相结合的全新营销模式。阿里提出的新零售概念从2016年持续发展至今，使阿里成功建成了集家电家居、快消超市、服饰百货、餐

饮美食等一体的新零售全业态的、跨行业的电商销售生态。新零售仍在不断地发展，也将继续影响电商行业的发展。打开眼界广度就需要管理者像阿里的高层一样，站在长远的战略角度去看待未来的发展趋势，而不是做"井底之蛙"。

看得更广之后才能看得更深，依旧以新零售为例。据有关消息称，在2019年6月武汉中商与居然之家新零售达成跨界合作，并将借鉴阿里的新零售经验，实现门店升级与业态升级。但早在2018年3月阿里就已经成为居然之家新零售的战略投资者，这也是阿里早期制定好的新零售战略。阿里用长远的目光制定战略目标后，就开始拓展视野的深度，即通过具体战略实施计划，来更深层次地挖掘市场的需求点，从而促使阿里能够得到最大化的利益与可持续性的发展，并为后来者提供宝贵的经验。这就是"先富带后富"的道理（见图8-1）。

图8-1 新零售战略

要想如阿里高层一样拥有广度与深度的眼界，管理者应该深入分析行业的发展历史与未来的发展趋势，以便制定长远的战略目标。其次，管理者还需要分析竞争对手、市场现状的数据，不断地学习竞争对手的优秀之处，这样才能制定出可长远执行的、具体的战略计划与方法。除此之外，管理者还需要不断地研究市场产品以及跟进团队的业务水平，这样才能进行详细规划，促进自己、团队与公司的长远发展

"揪胸膛"：让自己受得了委屈，修炼自己强大的内心

"揪胸膛"，就是管理者要受得了委屈，修炼自己强大的内心。阿里有句土话叫：**管理者的胸怀是被委屈撑大的**。生活充满了各种不确定和挫折，如果一点自我调节能力都没有，可能会被生活、工作压得喘不过气。尤其是管理者，除了调节自我，还要调节团队，要训练自己强大的内心。这就需要找出自己内心的力量，通过坦诚的交流与外界的引导，发现成长过程中支持自己的最重要的力量源泉和最有成就感的体验，然后记录下来，通过不断回顾让自己保持自我悦纳的心态。

华为的创始人任正非就是"揪胸膛"的佼佼者。2003年，是华为的一个"严冬"，1月23日，思科以"华为仿制其产品、侵犯其知识产权"为理由起诉了华为在美国的分公司，任正非此时并没有慌了手脚，而是冷静以待。他一边聘请律师进行法律辩护，一边与思科的竞争对手——3COM公司结盟。最终华为在3COM的支持下与思科达成了和解，并在同年3月与3COM成立了"华为三康"合资公司，顺利度过了这个"严冬"，促使华为的发展"更上一层楼"。

要想成为任正非这样内心强大、自信而理性的管理者，除了需

要找出自己内心的力量之外，管理者还可以通过团队的参与和支持来获得力量并训练内心。这需要管理者与团队成员一起讨论面对困境的可行性方法，集思广益，通过沟通给予自己和团队信心。

一个成功的管理者背后往往站着无数支持着他的员工，这是管理者拥有强大内心力量的来源，也是支撑管理者能够继续走下去的强大动力。

"揪屁股"：超越伯乐，成就他人

"揪屁股"就是管理者要让自己超越伯乐、成就他人。一个优秀的管理者，是通过成就别人来成就自己的，一个好的管理者必须是一个好的教练，愿意培养出比自己更优秀的管理者。

为了保障管理者将这一点落地，许多公司都建立了后备军的人才机制。例如一个管理者，没有培养出一个可以替代自己的人，那这个管理者就没有升职的可能性。如果管理者有一个升职的空间和标准，他就会愿意给员工升职的空间，并培养员工。

当时担任阿里首席人才官职位的彭蕾，就完成了让自己超越伯乐、成就他人的目标，为阿里培养出一个能力出众的人才——童文红，即现任阿里副总裁兼菜鸟首席运营官。

30岁进入阿里的童文红没有专业能力，也没有背景，接受阿里两次面试后没有得到自己的预期职位，最后成为阿里的前台。但她并没有因此沮丧、放弃，在从事前台工作的时间里，她将每一件事都做得细致完美。例如：根据季节主动安排茶水间的饮品；客服忙碌时帮助客服进行电话答疑等。在做前台的一年时间里，童文红在平凡的岗位做出了非凡的成绩。

阿里高层彭蕾看到了童文红的价值，担当了伯乐，邀请童文红任职行政部主管并帮童文红分析职业未来，为她的职业规划给出了建议。因为彭蕾对童文红的重视与培养，才有了她如今的成就。在这一过程中，阿里建立的后备军人才机制发挥了巨大作用，正是这一机制加强了管理者对员工的培养之心与培养力度。

除了建立后备军人才机制，管理者还需要进行专业管理的培训，并允许人才流动，例如阿里的轮岗机制，轮岗制度可以使员工与企业的需求相配对，使每一位员工都处在合适的岗位，用这种动态的制度提升企业的安全性与稳定性。其他管理者也可以根据自身的实际情况效仿阿里，通过这样的方式，培养出更多的人才，在成就他人的同时成就自己。

以上三个内容就是一个管理者做好"揪头发"，培养自己全面思考能力时必须做到的。电影《教父》里有一句经典台词：在一秒钟内看到本质的人和花半辈子也看不清一件事本质的人，自然是不一样的命运。在企业中，管理者要有透过现象看本质的系统思考能力。一个优秀的管理者，不仅能把事情做好，把团队带好，还要能够了解业务发展的路径与方法，探究行业演变的规律与经济环境的局势。

当团队出现问题时，管理者需要从三个视角去思考：

一是老板视角，也就是管理者上级主管的视角；

二是行业视角或者叫跨部门视角；

三是客户视角或者叫公司视角。

有时很多问题的有效解决，往往有赖于管理者对更高层级的认识，管理者站在三楼试图解决三楼的问题，常常理不出头绪。但如果管理者站到四楼看三楼，就会感觉问题迎刃而解，这是柳传志说"退出画外看画"的道理。

因此，管理者在面临大多数管理问题时，常常需要从经营的层面出发；管理者在讨论经营问题时，需要上升到企业战略层面；管理者在讨论企业战略问题时，需要上升到产业变迁和行业本质层面；管理者在讨论产业变迁问题时，需要上升到国家政策层面看问题；管理者在讨论国家政策的问题时，需要上升到民族文化和历史规律上看，而民族文化的形成又离不开……

作为一个管理者，需要时常"揪头发"，让自己具备系统思考的能力，要能够"见木又见林"。

管理者练习 / 请管理者参考以上"三揪"，让自己具有系统思考的能力。

8.2 "照镜子":
定位客观真实的团队自己

一个管理者"揪头发"的方法有很多,但开阔眼界这个事情,就像进了图书馆一样,总有没看过的那本书,总能学到新知识。如果管理者只是做开阔眼界这一件事,可能收获的不仅有知识,可能还有焦虑、迷茫。这时,管理者就需要通过"照镜子"来明确定位与方向。

管理者应该牢牢记住这句话:越是"揪头发"揪得狠,就越要更加狠地去"照镜子"。"揪头发"是往外看,看丰富的世界;"照镜子"是往内看,看真实的内心,这两者对管理者来说缺一不可。"照镜子"是不断地认知自我、认知团队的过程。对管理者来说,这就像 GPS 一样,可以不断地帮助管理者纠正方向,规划路线。那么,管理者应如何"照镜子"呢?

阿里为此特别地提出了"照镜子"方法论:管理者"三照",即"心镜""镜观""镜像"。

第一面镜子:"心镜"——做自己的镜子

心理学里有个概念,叫作"认知",是指你如何看待一个事物的思考过程;另一个概念"元认知",是指你对你的认知的认知,也就是对自己思考过程的认知和理解,这一概念可以帮助管理者进一步纠正思考方式和结果。

例如,有一天你走出办公室,碰见两个员工正在嬉笑着聊天,一看到你就变了脸色赶快回到了座位上。你不太高兴,可能会想:这是在说我坏话吗?这就是你对这件事的认知。"元认知"就是把你当成自己的镜子,去中立地思考:为什么我会认为他们在说我坏话?是我与他们平时的沟通不顺畅吗?还是我最近有摩擦没处理好?难道是因为这两个人业绩一般,我本来就对他们有意见?

做自己的镜子,可以使管理者客观而真实地看到引发当下认知、激怒自己情绪的到底是什么。如此才能像照镜子一样"黑白分明",还原事物本身的色彩,黑色就是黑色,白色就是白色,不因为自己的好恶而改变,也不因为自己的情绪而扭曲。这就是"不以物喜,不以己悲"的境界。

做自己的镜子就是保持理性、冷静地面对一切。管理者在对自我进行审慎思考时,要保持冷静。例如,如果有很多人平白无故地夸奖你,请不要得意,也许他们只是因为你是他们的领导而夸你。在上级管理者对你比较严苛时,请不要灰心丧气,认为他在针对你,他可能只是看重你,急切地希望你能成长。

做自己的镜子,就是找到内心强大的自己,让自己体会到内心强大的自我,可以在痛苦中坚持自己、成就别人。管理者应该多问问自己:我想要什么?我有什么?我能付出什么?**以己为镜,物有本末,事有终始,知所先后,则近道矣。**

除了通过审视自己来实现以己为镜外,还可以通过与团队交流来分析自己存在的缺陷与问题。例如在开早会等会议时可以分享一些自己的想法、工作态度、人生经历等,然后让团队成员提出自己的想法。管理者可以通过听取他人的想法来回顾自己的做法，并发现其中可能存在的问题，然后加以改正，从而不断地突破自己，实现自我价值。

管理者以己为镜照样可以正其位、明得失，然后对自己、团队进行更加明确地定位，规划正确的方向，实现企业的战略目标。

第二面镜子："镜观"——做别人的镜子

管理者把自己放到团队中后，管理者与员工彼此就是对方的土壤，彼此成为对方的镜子。那么，管理者要如何成为别人的镜子呢？

管理者拥有良好的素养、专业的管理经验是做别人镜子的前提。阿里的高层之所以能够成为其他管理者与员工的镜子，是因为他的优秀，他能够一眼辨别出员工的优势与问题。在阿里可能经常会有这样的现象：高层管理者在休息的时间，从楼下到楼上巡视一圈回来后，就能明确地指出某部门的某人存在的问题。这是高层管理者用自己的经验与能力判断出的。其他管理者要想像阿里的高层一样，就要不断地进行修炼，提升自己的能力，只有这样才有成为员工镜子的资格。在拥有了资格后，管理者就可以根据以下建议来做好别人的镜子，促进自己与他人更好发展。

倾听是做好别人的镜子的第一步。倾听并不只是不去打断对方说话，还要积极回应。管理者要在倾听的过程中，不断地确认对方真正想表达的内容，比如"你是想说×××吗？"或者"你是因为×××而苦恼吗？"这样的回应，可以不断地帮助员工梳理自己的思路，梳理员工真正的想法。

做别人的镜子，还需要管理者有同理心。同理心并不是同情心,同理心是将心比心,而不是置身事外。同理心能够使管理者站在员工的角度去思考问题,但并不是要管理者盲目地认为员工是正确的,而是应该去理解员工的想法,这样才能求同存异,达成共识。管理者也不能将自己的想法与准则强加到员工的身上,而是要通过沟通发现员工的问题,提出自己的建议,从而对员工形成一种正面的、积极的影响。

想做别人的镜子,管理者还要明察秋毫。就像阿里的 Review 一样,管理者需要反馈给对方你所看到的东西,无论是优点还是缺点。当然,这需要建立在一个彼此信任的团队氛围的基础上。如果没有准备好,管理者最好在反馈缺点前先肯定一下优点,尽量破除对方的抗拒心理,这样对方接受你批评时接受度也会更高。要想使管理者与员工相互信任,管理者就要以身作则,告诉员工不需要掩饰自己的问题,要将问题拿出来大家一起解决。正如支付宝传达出的"因为信任,所以简单"的观点一样,管理者做到明察秋毫后可以让团队的工作变得更简单明确,提高团队工作效率。

最后一面镜子:镜像——以别人为镜子

阿里有句"土话":**如果别人说你有,那你就是有;如果别人说你没有,那就是没有**。这句话道出了"别人眼中的你和你眼中的自己不同"的道理。尤其对于管理者来说,如果看到的经常都是笑脸,就会很容易被表象麻痹。正所谓"以铜为镜,可以正衣冠;以人为镜,可以明得失"。那有什么好办法能够帮助管理者明确地认知自我、认知团队呢?盖洛普 Q12、组织氛围调查、360 度绩效考核等,这些都是很好的管理团队、认知团队工具。

管理者在使用 Q12 的过程中，要让员工们回答"我知道公司对我的工作要求吗""在过去的 7 天内，我因工作出色而受到表扬了吗""我的主管关心我的个人情况吗""在工作中，我的意见受到重视了吗"等问题。这些问题能够很好地向管理者反馈一个团队真实的氛围。

组织氛围调查一般使用 Q20 模型，这是对 Q12 模型的完善与改进。该模型是由基本需求、评价鼓励、团队合作、职业发展与集体荣誉 5 个部分组合而成，并在这 5 个部分中继续细化出 20 个问题。管理者可以通过这个模型了解员工的需求点、工作状态等信息，也便于管理者及时发现自己在管理中存在的问题。

通过 360 度绩效考核，管理者可以全方位、多角度地考察自己，从而帮助管理者进行自我评估与自我改进。他人对我们的认知与自我认知是不同的，因为自我认知可能会受到情绪、情感、环境等因素的影响，只有通过自己、他人及环境的反馈，管理者才能全方位地认识自己。

有调查表示：人们 90% 的外在行为都是潜意识的习惯，是本能反应。因此，管理者很难发现这些本能反应中可能存在的问题，或者下意识地忽略员工工作中的小细节。这就需要管理者能够冷静下来，通过对员工、对团队的观察以及及时地沟通发现自己与他人的问题，明确自我认知与团队认知。这需要管理者能主动去和三种人群交流：上级、平级、下属。在阿里，**"对待上级要有胆量，对待平级要有肺腑，对待下级要有心肝"**，每个角度的重视点不同，上级关注你的思维和价值观，平级关注你的沟通与胸怀，而下级关注你的能力和关爱。主动与这三类人坦诚交流，管理者自然会看到真实的自我和提升点。

在以人为镜时，管理者还需要建立一个和谐的、相互信任的团队氛围，这是前提条件。团队之间互不信任，会使员工不愿吐露自己真实的想法。

我在为企业做管理培训时，一位管理者向我诉苦，说团队成员之间没有信任感就是灾难。他带领的团队表面上一团和气，背地里却是各自为营。例如打小报告、传流言等行为在团队里并不罕见。这使团队成员在工作中不敢提出自己的建议，害怕被"穿小鞋"。等他发现这个问题时，团队已经人心涣散，一点小事也能牵扯出不少人。他决定立即行动，首先开除了几个"搅浑水"的员工，然后通过定期开展"同心会""动员会"等活动来消除员工之间的隔阂。如今，这位管理者的团队已经发生了巨大的改变，各团队成员能够毫无顾忌地互相指出对方的问题，在讨论问题时各成员会争论得"脸红脖子粗"。而在面临困难时，却能同心协力、同甘共苦。在团队里，任何事情拿到明面上来说，而不是在背后讨论，这样才能促进团队团结协作，使团队成员互相以他人为镜，在不断地发现问题、解决问题的过程中，实现自我提升与突破。

三面镜子依次照完，一个管理者对自己的认知，对自己团队的认知，也就越加清晰。管理者需要孤独，因为要独自面对诸多复杂的问题；管理者需要融入，因为要通过"上通下达"来推进企业与组织的发展。**以自己为镜，突破自我的天花板；做别人的镜子，对事苛刻，对人宽容；以别人为镜，知得失而明真理。**

"揪头发"与"照镜子"都是在帮助管理者形成自身独特的味道，而"闻味道"其实就是管理者自我味道的一种体现与放大，是任何一支团队氛围形成的源头。

管理者练习 / 管理者需要按照以下的"追命3问"来问自己，并写下答案。

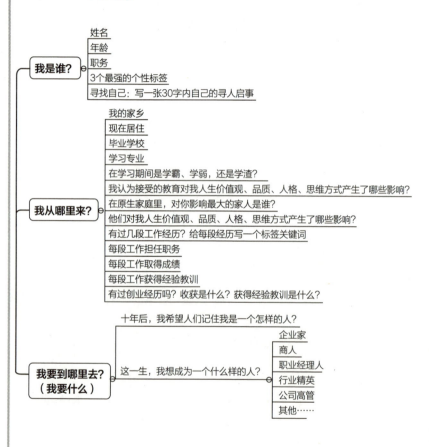

8.3 闻味道：
确保团队有相同的底层特质

在本章的前两节里，我分享了通过"揪头发"打开眼界，通过"照镜子"认知自我，那么本节我将分享如何通过"闻味道"把控团队。

如今有许多管理者都会发现这样的问题：团队发展得越大，成员之间的信任就越岌岌可危，彼此之间不敢讲真话；业绩的压力让员工埋头苦干，虽然业绩很好，但员工对工作的满意度却越来越低。

出现这种问题，就需要管理者去发现"味道"。"味道"是人与人之间的关系，每一个团队都有自己的气场、味道与氛围，管理者要不断地提高自身的敏感度和判断力，从而准确地感知团队的状态，把握和识别团队、组织的味道，及早防微杜渐。

管理者要"闻味道"，首先要明确"味道"究竟是什么？"味道"是如何形成的？

这些"味道"意味着什么等问题。本书的"招人四部曲"已经提出了求职者要与公司价值感相匹配；有乐观豁达的工作与生活态度，不计较得失，经得起历练；要保持简单、开放、快乐的心态。这是管理者在招人时需要注意的内容，那么管理者如何在平时通过"闻味道"来确保团队有相同的特质呢？

"闻味道"的四门功课

企业发展之路十分漫长,在这个过程中,管理者可以不断地培养员工的能力,调整团队的路径,但前提是团队成员必须是一路人。团队成员之间既可以背靠背作战,也可以面对面争论,这是一个团队最好的状态。管理者自身要对你想要的"味道"深刻理解,对人性充分把握,对味道的表现形式非常了解。**"闻味道",一定要"闻"到事件的背后,"闻"到人的内心,"闻"到人的利益**。那么在工作中管理者要如何去"闻味道"呢?接下来我将分享阿里"闻味道"的四门功课。

❶ "望"

"望"就是观察。管理者需要时刻观察团队成员的表情、眼神,甚至是与他人对话的声量。管理者在观察后,如果发现有的员工眼神没有互动、声音低小,这可能是员工没有安全感,说明团队的氛围出现了一些问题。

"望"的前提就是关注、重视。阿里重视每一位员工。阿里集团行政总监王咏梅认为"阿里最重要的财富是人",阿里不会轻视任何一名员工,在工作中会不断地将员工提出的问题,放在团队中分享讨论,并提出解决意见。即便是本年度业绩最差的员工,管理者也会帮助他们制改进计划,不会立刻淘汰。阿里的团队就像是一个家,对于那些离职的员工,阿里也会敞开怀抱,等待着他们再次回家。

阿里不仅会在工作中给予员工安全感,还会通过节日、活动来向员工传递安全感,让员工感受到管理者对他们的重视,让团队变成一个家。每到过年时,阿里就会给员工家里送礼品、打电话发祝福，告诉员工的家人，他们都在与阿里一起奋斗，这让员工感到自豪与骄傲。正是阿里的人文关怀，让员工心甘情愿地去加班、去学习、去奋斗，这让每一位在阿里工作过的员工都有独特的"阿里味"，就算是已经离职的员工也不例外。阿里的"校友会"就是针对离职员工设计的交流会，让每一个员工都能向老朋友一样重聚一堂。这在每一个阿里人心中埋下了情怀的种子（见图8-2）。

图8-2 阿里的团队

管理者可以借鉴阿里的这一招，通过"望"让员工感受到你对他们的重视，用真心去博得他们的信任，用情怀去连接每一个员工，最终打造一个凝聚力强的团队。

❷ "闻"

"闻"就是感受。当管理者发现问题后，需要走进这些员工，去感受员工的气场，去评估这些员工的行为、语言，并考量其行动背后的动机是什么？其工作背后的逻辑是什么？反映了什么样的价值观？管理者在走进这些没有安全感的员工时，需要去感受他们是否对工作感到厌烦？是否对管理者有猜疑？是否对其他伙伴有猜忌……

解决猜忌最好的方式就是将一切透明化，这需要管理者做到公平、公正,不论事情的大小。举个例子,阿里的"先锋营"开设在杭州市西溪区,员工多、停车位少。于是阿里的行政总监王咏梅想出了一个妙招:实行车位抽签,并直播抽签过程。这一活动连公司副总裁也必须参与,不能享有特权,做到了绝对的公平。对于那些对团队、对社会公益等有杰出贡献的员工享有"10个专设车位"的抽签权利。天猫品控部的员工"雨仇"表示:"对于这种公开透明的分配方式,哪怕抽不中,大伙也心服口服,不会有任何怨言。"这样的规定既公开透明,又包含了奖励机制,可谓是解决了"不患寡而患不均"的问题。

其他企业的管理者也可以借鉴阿里的做法,将规则摆放在明处,让所有员工都能看见规则运行的方式、过程以及结果,这样才能提高管理者的威信力,让团队成员放下猜忌,携手共进。

❸ "问"

"问"就是沟通。语言是思想的物质外壳,能够直接地反映一个人的思想、信念和价值观。在沟通的过程中,管理者一定要把事情具象化,把事件还原,让员工慢慢地将一些掩盖的行为、思考表达出来。

阿里为了让员工能够表达内心真实的想法,从而了解员工可能存在的问题,专门开设了内部交流平台——阿里味。通过这个平台,管理者可以发布大小通知,员工们可以尽情发言。阿里认为这样的平台可以保证员工的知情权,是尊重员工的表现。因此,阿里的高层也会经常在上面发帖,时常会有员工在高层管理者的帖子下留言表达各自的观点,甚至还会有员工批评与纠错。例如,指出标点符号的错误使用、文章不够直白、没有开门见山等问题。

阿里味平台加强了阿里内部人员之间的沟通,其他企业的管理者也可以为员工建立一个能够自由发言的平台或者场景,这能够使管理者及时地了解员工的想法与建议，集思广益，从而共同促进团队的发展。

❹ "切"

"切"就是调查。在沟通发现问题后，管理者首先需要通过调查进行验证和分析，确保问题的真实性；然后切中要害，抓住问题的根源，深挖问题的本质；最后综合"望闻问切"的结果，管理者就会发现造成员工缺乏安全感的原因，例如，管理者太严厉或者是团队成员的工作压力大，互相之间缺乏沟通等。

"切"的重点在于行动，其目的是为了最终解决问题，促使团队形成独特的团队"味道"。抓住要害是第一步，阿里认为员工的需求得不到满足是许多问题的起源，而员工的需求分物质需求与心理需求两种。在物质需求上，阿里紧抓员工置业买房的需求，推出了30亿元的"iHome"计划，为符合条件的正式员工提供无息购房贷款，让更多员工能买得起房。这一计划解决了众多员工的燃眉之急。除此之外，阿里还推出了"蒲公英互助计划"与"彩虹计划"，为员工提供帮助与生活保障。在心理需求上，逢年过节的礼物、颁发一次又一次的团队荣誉、美好而清晰的未来规划等都可以满足员工的心理需求。

管理者解决了员工的需求问题，基本上就解决了团队管理一半的问题。而剩下的一半则需要管理者深入调查、加强沟通、提出建议、解决问题。只有这样才能创造出简单而又互相信任的团队氛围。

"闻味道" 落地实操

管理者发现问题后，自然就需要去解决，那么管理者如何通过

"闻味道"去解决这些问题呢？

要"闻味道"，就需要先制造味道。其实**团队的味道都是慢慢"炖"出来的**，在这个过程中管理者起到了决定性的作用。因此管理者要以身作则，你想要什么味道，就应该散发什么味道，最后团队才能给你什么味道。作为一个团队，我认为一定要有的味道是：简单信任。这可以使团队的每一位成员都能做真实的自己，不矫揉造作。"因为信任所以简单"，这个简单，其实"不简单"，因为每一个"简单"的背后，都需要有强大的内心与自我管理支撑。简单的关键在于信任，接下来，我将以"如何让团队散发简单信任的味道"这一问题为例，来为管理者提供一些具体的行动建议。

管理者要说到做到，这是首要条件。要让团队说到做到，管理者自己就必须说到做到。小到迟到早退，大到战略布局；做你所说，说你所做。管理者的所作所为直接影响着团队的氛围，如果一个管理者不能做到遵规守纪、服从工作安排，那么团队的成员也不可能会有更好的表现。只有说到做到才能建立起团队伙伴对管理者的信任，这种信任可以在团队内部互相传递。团队的每个人都是有能力的，是可以成长的，而成长过程有痛苦，那作为管理者就要有一颗勇敢的心。

阿里说到做到，不论是对员工的承诺，还是战略目标，都落到了实处。例如"iHome"置房计划，经阿里的高级管理层决定，直接拿出 30 亿元的资金来将这项计划落到实处。阿里对女足的战略投资也不只是表现在言语上，这项投资计划早在 2014 年就已经开始实施，赞助了海南琼中女足。2018 年，阿里官方表明，蚂蚁金服将会为女足提供整体的赞助。信守承诺是阿里的高层能够带领团队冲锋陷阵的关键因素，这不仅让他们获得了员工的信任，也赢得了社会的认可。

除此之外，管理者要做到奖罚分明，这是"闻味道"的基本原则。管理者的味道是会自然散发的，刻意的散发反而形神不符。管理者自然散发味道的方式有很多，其中通过赏罚机制散发味道是最有效的方式。

在团队中，**优秀的团队管理者，应该是敏感地感觉团队温度的人，奖罚的时机是散发味道最好的时机**。奖励要奖得人心花怒放，惩罚要罚得人心服口服。如果奖励不能服众，员工会失去对团队的信心；如果惩罚不能服人，也会引起员工的质疑，造成团队的动荡。

管理者要做到奖罚分明，就必须有原则与底线，即遵守公司的规章制度。依规章制度管理公司，也要做到制度面前人人平等，管理者不徇私、不退让，按照制度去考核。管理者在惩罚上要有原则，在奖励上也要及时。

2018年，蚂蚁金服获得了140亿美元的融资，阿里为了激励员工奖励了164亿元的股权。2014~2018年，阿里总共奖励员工约800亿元。虽然阿里在奖励员工时经常采取"撒钱"模式，但他认为奖励并不是通过粗暴地"烧钱"来实现的，而是要根据员工的努力程度以及努力的结果来进行利益分配，从而实现奖励的效果，这也是为了让员工共享公司成长带来的财富。虽然其他企业的管理者没有阿里这样的大手笔，但做到奖罚有据、有方，依旧可以达到激励员工的效果，使团队成员一条心。

到此为止，"阿里管理三板斧"之"腿部三板斧"的内容已分享完毕了。最后，我将以德鲁克的一句名言作为结尾：**管理是一种实践，其本质不在于知，而在于行，其逻辑不在于验证而在于成果，其唯一的权威就是成就**。管理的过程是知行合一的过程，管理者只有将管理理念不断地落实到工作中，在工作中不断强化才能转变成思维习惯，形成管理技能与经验。

管理者练习 / 请管理者"闻闻"自己团队里的味道,并思考以下几个问题:

1. 你的团队里有人散播负能量吗?他们彼此信任吗?他们信任你吗?
2. 他们愿意与你进行深入沟通吗?
3. 你能解决他们的难点和问题吗?
4. 你能遵守承诺吗?

附录　阿里"土话"

梦想篇

同学，这块砖头是你掉的么？——阿里巴巴的梦想源自长城上的一块砖头，我们相信，每一个阿里人的心里都曾落下过一块砖头，或大或小，我们相信"心有多大，舞台就有多大"。

If not now, when? If not me, who?（此时此刻，非我莫属）

——1999年11月11日，阿里巴巴高调发布人才招聘信息。当天阿里巴巴在《钱江晚报》第八版发布招聘广告，第一次发出"If not now, when? If not me, who?"（此时此刻，非我莫属）的英雄帖，这句豪言壮语响当当地说出了"舍我其谁"的使命感和责任感，至今听来依旧热血沸腾，成为阿里人的经典"土话"。

今天最好的表现是明天最低的要求。

——阿里人时常用这句话鼓励自己和团队，既是进取的表现，也是自信的表现。相信我们能做到，相信明天会更好！

没有过程的结果是"垃圾"，没有结果的过程是"放屁"。

——过程和结果都很重要，而且这两者密不可分，好的过程带来好的结果，而好的结果源于好的过程。

敬业篇

心脏肥大？好事啊，脚稳就更好了——我们不缺战略、不缺想法，缺的是将之变现的人，因此心要大，脚要实。而急于证明自己的人，就不会有投入的心态。

加班是应该的，不加班也是应该的，只有完不成工作是不应该的。
——有同学提出"是否应该加班"的疑惑，阿里给出了最好的答案。做好时间管理，积极改进工作方法，提高工作效率，做好工作。至于是否加班，它只是一个表现。

勇敢向上，坚决向左。
——曾教授某一次分享他个人这几年的体会。"勇敢向上"指的是要敢于向上承担，承担似乎远远超出自己能力的责任，这样才有大发展的可能。"坚决向左"指的是不要过于依赖自己的核心能力，要不时地走走不同的路。走常规的路，只会有常规的结果。

刚工作的几年比谁更踏实，再过几年比谁更激情。
——新人忌讳浮躁、好高骛远和懒惰，老人忌讳麻木和悲观，试着常常告诉自己要像第一天那样去工作，保持激情，保持乐观积极充满希望。

压力篇

So What——工作就会有挫折,但 So What,即使第一百次跌倒,还可以第一百零一次站起来。

与其怕失败,不如狠狠地失败一次。

——有一种人做事,怕这、怕那,总要想了又想。想是好的,但想了又不去做就没意思了。怕什么?在失败中总结,重新来过。狠狠地在失败中成长!

今天很残酷,明天更残酷,后天很美好。但是绝大部分人是死在明天晚上,只有那些真正的英雄,才能见到后天的太阳。

——要坚持,坚持者必胜!

男人的胸怀是被冤枉"撑大"的。

——阿里的高层曾对大家说:"加入阿里巴巴,我不承诺丰厚的报酬,但承诺一肚子的委屈。"在逆境中成长,把压力转化为动力,是一份宝贵的经验。

困惑篇

每个月总有些日子不舒服,但痛并成长着——待久了,面对重复、面对压力、面对外面的机会,总会倦怠、总会烦躁、总会迷惘、总会有这样那样的不舒服,但这就是你成长的时候。

我们为不懈的努力鼓掌,但按结果付酬。

——这要求我们做事要以结果为导向,要清楚我们的目标和方向,然后努力去达到那个目标。

你感觉不舒服的时候,就是成长的时候。

——感觉不舒服的时候,人都希望通过某些途径和方法让自己舒服,于是不舒服成了驱动人进步和成长的良药!有了不舒服,关键是要学会寻找合适的对症下药的方法。

自得其乐是一种能力。

——无论工作还是生活,都要投入。你要跟它合二为一,千万不要使自己跟它对立、割裂,然后让自己处于一种挣扎和矛盾当中,那是非常耗费能量的一件事。

团队篇

你不是一个人在战斗——你我皆凡人,团队才是那个点石成金,成就非凡的魔术师。你不是一个人在战斗,你也没法一个人战斗。

分享是最好的学习方式。

——教别人是最好的学习方法,因为分享让你精心准备、科学总结、重新思考……

必须高调地把目标喊出来,让别人帮你,让别人来监督你。

——必须高调地把目标喊出来,让别人帮你,让别人来监督你。学会高调第一步是行动!一开始高调一定会不习惯,一定会很紧张,慢慢就会适应的!

己所欲,施于人。

——与人相处如照镜子,你怎样对待别人,也在怎样对待自己。你希望别人怎么对你,你首先要怎样对别人。而且,这个观念比"己所不欲,勿施于人"更积极。

管理篇

管理不易，管理一群聪明人更难，需要技巧，更需要舍我其谁的魄力。

重复等于强调。

——作为管理者，要承担上传下达的角色。在这个过程中，不断重复是很重要的。作为员工，如果听到管理者重复某件事情，那证明他在强调这件事的重要性。

管理者要学会自己舔伤口，舔完自己的伤口还要去舔别人的伤口。

——这句话对于一些容易受伤的人很受用，话糙理不糙。生活充满挫折，如果没有一点自我调节能力可不行。尤其是管理者，除了调节自我，还要调节团队。

你刚来可以抱怨你的手下是一群混蛋，但是如果过了一年你还在抱怨，那么你才是一个真正的混蛋。

——阿里告诫管理者不要只看到员工的缺点和不足，而更应该想办法让他们提高，这是领导的作用。

后记：一颗心、一张图、一场仗

企业打天下需要的是能够形成合力，即一颗心，需要形成一张组织大图，共同打赢的一场仗，也就是在阿里我们常说的"一颗心、一张图、一场仗"。

从一个企业打天下的全景，给大家介绍企业成功所必备的基石和要素。

一颗心：团队要和家人一样，不花时间，产生不了亲情和化学反应

一颗心，这是大家可以相互信赖、彼此开放的一颗心。如果你是一家企业的管理者，你和你的团队、以及整个公司之间是不是都是一条心？你的团队是一群什么样的人？你们是否有默契、你是否有能力带动整个公司朝着梦想前进？你该如何调动员工的工作动力？又如何定义他们的工作价值？

以上这些都是与"一颗心"有关的问题，很多企业越往后走越发现，员工累了，跟不上管理者的节奏了，往往是因为"这颗心"出了问题。团队要和家人一样，不花时间，产生不了亲情和化学反应。

在阿里，团队最大的战斗力取决于这个团队能不能"一颗心"，面对不同的人，不同的想法，管理者做什么才可以让一个团队彼此背靠背，这是管理者真正需要花工夫去思考的可为之处。

一张图：组织大图

我们一直在说"一张图"，当我们有了自己的战略大图后，还需要组织大图去匹配战略大图，在当下，业务战略决定组织战略。

阿里之所以发展如此强劲,是因为阿里的组织极其强悍。而现在,很多企业的问题是,业务线强劲,组织跟不上,当业务发展过快的时候,组织的危机就来了。

尤其在企业扩张的时候,你想要招多少人,不是由你决定的,而是由现在有多少管理者能够带人决定的。如果企业没有足够多的管理者去培养人,扩张越快,对企业威胁越大,甚至可能带来覆灭性的危机。

所以,组织战略一定要跟上发展的步伐,在阿里我们叫:一群有情有义的人,共同做一件有价值有意义的事。组织战略需要整个组织不断地诊断、建设和运营,用一张业务大图匹配组织大图。

杨国安曾说,企业成功,等于战略乘以组织能力。而阿里把它升级为"企业成功,等于战略组织能力的幂次方"。一个组织一定要确保:员工愿不愿意发自内心干一份活,员工的能力会不会干这份活,员工治理允不允许他干这份活?

在企业、组织里面,人才固然是宝贵的,但每个人内心那团火它更宝贵,它能照亮不可预见的未来。但是又有什么问题?借来的火点燃不了一个人的内心,只有他自己感知到,自己去点燃才能够真正地迸发。

每一个人内心都有一团火,管理者走过的时候要看到那股烟。我们要去激活组织,要去赋能员工,点燃他内心那团宝贵的火焰。最终形成:一颗心——相信的力量。

阿里把这叫作一张图,整个组织在这一张图上形成合力;华为称为主航道,聚焦所有优势。

一场仗:团队要靠大的活动磨炼

在组织层面,组织、团队各方面是需要砥砺的,所以阿里最喜欢用的方式是——战争。阿里铁军就是这方面的代表,我们称为

后记：
一颗心、一张图、一场仗

"三六九十二大仗"，战争是最完美的团建表现形式！

我们把团建分为思想的团建，生活的团建，目标的团建，通过战争从胜利走向下一个胜利。帮助成员找到最真实的自我，突破极限，追寻梦想和迸发激情！

让伙伴们在事上磨，通过目标的达成，去不断的突破自己。最关键的，因为战争去创立一个精神，塑造一个军魂，构建一片土壤，最终才能成为文化坐标。一个公司、一个组织的文化一定不是设计规划出来的，而是在创业过程中塑造出来的，长出来的。

都说阿里铁军之所以能够铸就组织的灵魂，是源自于市场的残酷。当时人们根本就不知道什么叫电子商务，是在这种过程中铸就出来的铁军精神，这给阿里巴巴留下了底层的文化基因，这就是组织。

一个组织要在战场上塑造出来这种"魂"，创立一个精神，构建一片土壤，最终成为文化坐标。我们的管理者在这个完整的过程中，自己融入其中，收获成长，和企业一起走向成功。

到此为止，整本书的内容全部完结。阿里的管理体系虽然实用，但要把这套体系梳理出来，并且能被企业的管理者所用，并非易事。在撰写本书时，我的心是忐忑、激动和感恩的。忐忑的是怕自己写不好，误导读者，或者没有写出阿里的精髓；激动的是随着写作的慢慢推进，我的思路一点点打开，我开始满意自己的创作，并深信这本书定能帮助管理者做好招开人、建团队、拿结果及领导力修炼；感恩的是阿里对我成长的帮助，学员们对我课程的认可，我的合伙人龚梓、王中伟及现在"知行"团队的史云杰、周筠盛、贾倩影等团队成员的支持。

出生在一个群雄逐鹿的时代，我们要的是"打胜仗"。"中供铁军"打完了属于自己的一场仗，成就了客户，成就了阿里，成就了团队，成就了自己，成为一支"良将如云，弓马殷实"的"铁血团队"。"路漫漫其修远兮"，我们需要放下一切过去的荣誉重新开始。

以终为始，以始为终。我将继续创作"阿里管理三板斧"之"腰部管理三板斧""头部管理三板斧""阿里企业文化""领导力修炼"等作品，欢迎大家通过扫描下面的二维码与我共同探讨、合作。

最后将斯蒂芬·茨威格的一句话送给大家：

"一个人生命中最大的幸运，莫过于在他的人生中途，即在他年富力强的时候发现了自己的使命。"

学员推荐

古今中外，一流的统帅和战将似乎都是天生的，可仰观而不可学。真正能让普通人可以借鉴落地的是不断提醒自己：要有大我之格局和小我之谦卑。王建和有一颗真正的利他之心，把自己多年的感悟完整地呈现给大家，将大家耳熟能详的口号落地为管理者可实操的教程。研读完后，让我感慨：如果我带团队之前就读到这本书，该是多好的一件事。

——华为营销实战落地专家 邱鸿宾

很多创业公司都有着很好的初心和愿景、很强的专业技能，却死在了不会管理上。在这本书中，王建和为我们详尽地阐述了阿里巴巴的管理之道，详细讲解了腿部管理三板斧的动作要领，并精心设计了练习指导。本书的出现将帮助众多在创业路上艰难前行、摸索管理之道的创业者们。

——口腔医学博士、博士后，瑞博口腔创始人 徐小方

强大的组织能力是企业跨越第二曲线的隐性踏板。如何打造强大的组织能力，将企业做大做强，一直是困扰中小企业发展的难题，王建和老师的扛鼎之作——《阿里巴巴管理三板斧》在这方面能够起到重要的作用。作为阿里老兵，王建和老师不仅能通过自身实践经历让你近距离感受阿里的日常管理工作，还能让你清晰地懂得其背后的运作逻辑。在本书里，你将有三大收获：感知阿里、重

拾管理激情、提升管理能力。

——渤海集团董事长　杨志华

　　王建和是一位实战专家，他是在阿里"管理三板斧"体系下成长起来的，后来又在创业中将阿里"管理三板斧"应用到自己的团队里，他接触的人大多是企业的管理者，对于管理者的需求，他非常了解，相信书中的内容，一定能引起管理者的共鸣。

——江西懂居文化传播有限公司董事长　艾江生

　　第一次听王建和老师的课，就深深地被王老师所讲的内容吸引了。王老师的课程内容非常落地，从不回避关键问题。他的《阿里巴巴管理三板斧》一书囊括了管理者的实战心法，内容中干货颇多，值得所有管理者学习。

——智晨集团董事长　冯琳

　　阿里"管理三板斧"是所有管理者的必修课。我在听完王老师的课后，受益匪浅。如今我已经把阿里"管理三板斧"的方法应用到我的企业里，给所有的中基层、高层管理者赋能，行之有效。真心希望所有的管理者都能读到本书，相信一定会能激起你内心的驱动力。

——启慧工场科技股份有限公司董事长　白云飞